幸せになる金融

信用金庫は社会貢献

城南信用金庫 顧問
吉原 毅

「社会貢献企業」である信用金庫の使命について語る筆者

地域を守り、地域の人々を幸せにする

尊敬する小原鐵五郎（城南信用金庫３代目理事長）の肖像とともに

「介護サロン虹」に社会貢献賞を贈る

少年野球チームを応援する「城南CUP」で優勝旗を授与

明治学院大学経済学部経営学科「経営学特講」（森田正隆教授）の講師に取引先の経営者を招き、自身も講師として協同組織金融機関の使命を語る

明治学院大学「経営学特講」の講義録を
城南信用金庫企画部が編集・発行

信用金庫として「脱原発」宣言

新電力への切替えを発表する筆者（左から３人目）と
飯田哲也氏（その右）＝2011年12月、城南信用金庫本店

城南本店の屋上に設置された太陽光発電パネル
＝東京都品川区

東日本大震災の被災地を訪ね、「脱原発」への思いを強くする

「日本を明るく元気にする〝よい仕事おこし〟フェアであいさつする筆者
＝2012年11月1日、東京ドーム

第1回目は東北地方を
中心とした63の
信用金庫が力を結集

2013年以降は
「東京国際
フォーラム」で
毎年開催中

原発に頼らない社会を目指して

「原発ゼロ・自然エネルギー推進連盟」（原自連）会長として
「原発ゼロ・自然エネルギー基本法案」を発表。
右から小泉純一郎元首相、河合弘之幹事長・事務局長、筆者、
細川護熙元首相＝2018年１月10日、衆議院第１議員会館

「原発に頼らない
安心できる社会」を
目指して各地で講演

脱原発活動を通じて知り合った方々と下村満子さん（前列中央）
の誕生パーティに参加。後列左から５人目が筆者

信用金庫の原点とその社会的使命について学んだ日々

城南信用金庫の創立40周年で
小原鐵五郎理事長（手前）をエスコートする筆者
＝1985年10月、東京・歌舞伎座

塩川正十郎大臣（中央）を訪ねて「超固定」の商品説明をした
筆者（左）と宮田勲専務理事（右）
＝2001年、財務省の財務大臣室

昭和らしさの真っ只中で育った少年時代

幼稚園で遊戯をする
筆者（中央）
＝1960年ごろ

小学校入学時に母文子（左）と
記念写真に納まる筆者
＝1961年４月

自転車で駆け回った少年時代
＝1960年代

目次

本書は神奈川新聞「わが人生」欄に２０１７（平成29）年9月1日から
11月30日まで61回にわたって連載されたものに加筆・修正しました。

はじめに
「ともに生きる社会」のために

２０１８（平成30）年1月10日、原自連こと「原発ゼロ・自然エネルギー推進連盟」は東京・永田町の衆議院第1議員会館内で記者会見を開き、「原発ゼロ・自然エネルギー基本法案」を公にしました。

会見に出席したのは、原自連の顧問を務める小泉純一郎元首相、細川護熙元首相、河合弘之幹事長・事務局長、そして微力ながらも会長を務めることになった私の４人でした。

原自連が提案した「原発ゼロ法案」の特徴は、運転中の原発の即時停止に加え、運転停止中の原発の再稼働をいっさい認めず、原発の新増設を認めないことや、使用済み燃料の再処理など核燃料サイクル事業からの撤退も明記しています。

信用金庫のトップとして「脱原発宣言」を行ってからはや7年。それ以前の私からすれば、原自連会見の場にいることは、ひどく場違いに感じたかもしれません。

実を言えば東日本大震災が起こるまで、私自身は原発肯定派だったからです。つくられた「安全神話」を信じていた一人でしたが、2011(平成23)年4月1日、信用金庫として、脱原発宣言を行いました。被災地を支援する中で、地域の人々の生活や企業の活動を根こそぎ奪ってしまう原発の恐ろしさに気づいたからです。

世界各国では福島の原発事故を機に、自然エネルギーの技術革新と普及が進んでいます。世界中の太陽光と風力の発電設備容量は、今や1000ギガワットを超えており、原発(400ギガワット)の2・5倍に達しています。それなのに当事国の日本は、いまだに原発をやめられないでいる。選挙で大きな争点にならないのは、人々もそれを許しているからではないでしょうか。

東日本大震災が発生した直後、なす術もなく、自分の無力さを痛感したのは私ばかりではないはずです。その後、いったんは日本にあるすべての原発が停止したのに、この国は原発再稼働に舵を切りました。原子力発電はとても危険でコストがかかり、国民に過大な負担を背負わせることは明らかなのに。しかも、使用済み核燃料の最終処分の見通しもまったく立っていないのに—。その大きな原因は、近代社会の最大の病理である「拝金主義」にあります。そして信用金庫はこうした拝金主義に陥った近代社会の弊害を是正し、皆が仲良く幸せに暮らせる社会をつくるために生まれた協同組織の金融機関です。

この現状を次の世代に残すことは、私たちの世代の責任放棄に他なりません。信用金庫に育てられた者として、社会貢献という公共的使命を持った地域金融機関である信用金庫の理念を胸に、「原発ゼロ」という目標に向かい、これからもできる限りのことをやっていこうと思っています。

その一つとして、神奈川新聞への連載に記せなかったことなどを思い出しつつ、その後の脱原発活動や城南信金の社会貢献についてまとめてみようと思い立ちました。地域の皆さまの応援に支えられてきた城南信金の歩みに私の半生を重ねつつ、人をつなぎ、地域を守り、地域の人々を幸せにする信用金庫の力を、改めてここに記してみようと思います。

2018年4月

第一章　脱原発は信金の使命

原発に頼らない信金へ

2011（平成23）年3月11日、震災発生当時の私は、城南信用金庫の理事長になってまだ4カ月、「信用金庫の原点回帰」を掲げ、「人を大切にする、思いやりを大切にする社会貢献企業」という新たな方針を打ち出し、手探りの経営改革に手を付けたばかり。

そんな状況で未曾有の大震災に遭遇し、信用金庫のトップとして何をするべきか真剣に自問自答する中で、歴史を築いた先人たちの考えに思いを巡らせました。

それは、城南信金の実質的創業者である加納久宜子爵の遺訓「一にも公益事業、二にも公益事業、ただ公益事業に尽くせ」であり、入職したとき以来、生涯の師と仰ぐ第3代理事長・小原鐵五郎《てつごろう》の「銀行に成り下がるな。私たちは社会貢献を目的とした協同組織金融機関で、公共的使命を持っている」という口癖でした。

信用金庫の会員は原則として、営業エリア内の中小企業や住民に限られますが、自分たちさえよければいいという姿勢は公益事業の理念に反し、協同組織が真っ先に否定すべきものです。

直ちに寄付金の拠出や義援金の募集などに取り組みましたが、原発事故に対しては何一つ有効な支援策を見いだせないまま、時間ばかりが過ぎていきました。

ところが世間では「原発を止めると日本経済は危機に陥ってしまう」という論調が大勢を占め、事故の責任の所在すら曖昧にされようとしていました。

私は強い違和感にとらわれ、原発に関する文献や資料を読みあさり、原子力発電は一歩間違えば取り返しのつかない事態を招いてしまうと確信しました。そして原発の正体を見て見ぬふりをしてきた自分自身にも、実は大きな責任があると思うようになりました。

震災から3週間後の4月1日、城南信金のホームページに「原発に頼らない安心できる社会へ」というメッセージをアップすると、ネット上で話題になり、思いがけず多くの方々が共感を寄せてくれました。それ以来、私は被災地と長い絆を築くとともに、原発に頼らない社会の実現を目指して微力を尽くそうと誓いました。

これが、今の私の原点となっています。

城南信金の「脱原発」を宣言する筆者。動画がネットで配信され、大きな反響を呼んだ＝2011年4月（画像提供・OurPlanet－TV）

式典中に東日本大震災に遭遇

私が城南信用金庫の理事長に就任したのは、2010（平成22）年11月10日。それから理事会で話し合いを重ね、12月4日に前相談役と前理事長の退任式を行いました。

一部のマスコミに「クーデター」と報じられたこの一件の経緯は後に記すとして、新体制になった城南信用金庫では、「信用金庫としての原点回帰」という考え方で、理念重視の経営への転換を目指しました。

そして新旧体制の引き継ぎが滞りなく終わった12月上旬、記者会見で新しい方針を示すと、トップの年収制限や役員の60歳定年制の導入などが報じられ、「信用金庫革命」として業界で大きな驚きを持って受け止められました。

年が明けた11年3月初め、恒例の経営内容公開説明会では、信用金庫の原点である「小原鐵学《てつがく》」に立つという強い意志を示すため、小原鐵五郎会長の写真をスクリーンに映し、約半世紀前にできた「城南信用金庫の歌」を流しました。

小原会長が西条八十さんに作詞を依頼したもので、作曲は古関裕而《ゆうじ》さん。小原会長の「城南の紋章の白梅を入れ、信用金庫の社会的な使命を歌にしてほしい」という願いが見事に織り込まれたものです。

小原会長の33年、真壁實氏の22年を受け継ぐ「第三の時代」に入ったという認識のもとで、健全経営を示す具体的な数字を示し、良い報告ができたと思いました。

ところがそれから何日もたたない3月11日午後2時すぎ、私は東京・品川区五反田のホテル「ゆうぽうと」の7階宴会場「重陽」にいました。城南信用金庫の創立40周年記念事業として、当時の小原会長が創設した公益財団法人「小原白梅育英基金」の卒業奨学生の送別会に参加するためです。

式典が始まった直後の午後2時46分、これまで体験したことのないような激しい揺れに襲われました。

基金の理事長を務めていた加藤寛慶応大名誉教授に駆け寄ってお支えするのが精いっぱい。ようやく揺れが収まると、基金の理事で基礎・土質工学が専門の木村孟《つとむ》東京工大学長(当時)が、「遠くの方でとてつもなく大きな地震が起きたのだろう」と断言されました。

当然のことながら式典は中断・終了を余儀なくされましたが、私たちはテレビが報じるニュース映像を見て、木村先生の言葉が正しかったことを知りました。

ほどなく画面は、太平洋沿岸の町に巨大な津波が押し寄せてくる映像を映し出しました。私はショックのあまり、声が出ませんでしたが、次の瞬間、ハッとわれに返りました。

「学生たちを無事に家に帰さなければいけない」

当日は卒業生53人を含む68人が出席しており、中には東北地方から来ている学生もいました。

しかし、都内の交通網は完全にまひし、街は帰宅難民であふれています。

地方から上京し、帰れなくなった学生たちの宿泊先を確保し、必死に車を手配して、近隣の学生全員を送り出した時は既に夜中になっていました。

震災の被害の全容はまだつかめないまま、状況は刻一刻と悪化の一途をたどっていきました。

小原白梅育英基金の「奨学生合格証交付式」で、合格証を手渡す筆者（中央）＝2016年5月、城南信金本店講堂

地域を超えて被災地を支援

東日本大震災の被害状況が明らかになるにつれ、日本中はその地震や津波という自然の猛威のすさまじさに息をのみました。

一面の津波に覆われた街、立ち上る火災の煙、押し流された車、がれきの上に打ち上げられた大型船。どこが海岸線だったのか分からないほど様変わりした光景の中で、救助を待つ人の心細さを思うと、胸が締め付けられるようでした。ところが事態はさらに悪い方へと転がっていったのです。

翌12日、城南信用金庫の本店のテレビで事態の推移を見守っていた午後3時半すぎ、画面は突然、東京電力福島第1原子力発電所の第1号機の水素爆発を伝える緊急速報に切り替わりました。

原発事故…。それが何を意味するのか、その場にいた誰もがただ沈黙するしかありませんでした。間もなく「関東地方も大変なことになる。職員を避難させた方がいいのではありませんか」という声が上がりました。

「私のように50歳を超えた者だけ残り、若い人には避難してもらおう」

私がそう応じると、別の職員から「お客さまはどうなるのでしょうか」と聞き返されました。

確かにその通りです。

私には多くの若い職員を預かる組織のトップとして、彼らとその家族の安全を確保する責任があります。

しかし、それと同時に、城南信金の営業地域である東京都と神奈川県の危機に際し、「地域を守り、地域の人々の幸せを実現する金融機関」という方針を掲げた企業として何ができるのかを考え、実行していかなければなりません。城南信用金庫はこの時点で東京都内に55店、神奈川県内に30店を展開していたからです。

日本人がこれまで経験したことのない困難な事態に直面したとはいえ、私は著しく動転し、混乱していた自分を恥じました。

「しばらく事態を見守るしかない」。そう覚悟を決めたものの、3月14日、今度は3号機で水素爆発が起き、その影響は、牛乳やホウレンソウなどから食品衛生法上の暫定規制値を超える放射線濃度が検出されるという形で表れはじめました。そして23日には東京都葛飾区の金町浄水場で、多量の放射性ヨウ素131が検出され、乳児の飲用に適さないというニュースが流れ、大きなショックを受けました。

被災地のみならず、日本中の人々が命の危険にさらされようとしている状況にありながら、私は信用金庫のトップとして何ができるのか、なかなか答えを見いだせずにいました。立ち返るべきはやはり、「公益事業に尽くせ」「私たちは社会貢献を目的とした協同組織金融機関で、公共的使命を持っている」という先人の教えでした。

自分たちの営業地域のことだけを考えると、閉鎖的な組織と化してしまう。自分たちさえよければいい、という姿勢は公益事業に反し、協同組織として真っ先に否定すべきです。

そう思い至った私は阪神淡路大震災の被災地に1億円を寄付した先例に倣い、思い切って経費を削減し、3億円の寄付金を拠出しました。

さらに役職員やOB、お客さまに義援金を募ったところ、短期間で1億5千万円を超える寄付金を集めることができました。

城南信金が拠出した東日本大震災の義援金（計3億円）目録を、内山斉読売新聞グループ本社社長（当時、写真左）に手渡す筆者＝2011年4月

被災地の新卒者を採用

東日本大震災で甚大な被害に見舞われた東北地方を、何としても応援していかなければならない――。その思いの第一歩は、義援金という形で届けることができました。

それから、20年以上も前に考案し、当時の経営陣に一蹴された「ボランティア預金」の取り扱いも即決しました。当時はちょうどバブル期でもあり、「社会貢献なんて偽善的だ。金融機関は慈善活動をするところではない」と冷たくあしらわれ、そのままお蔵入りになっていたアイデアです。

お客さまが受け取る預金利息の４倍のお金を、城南信用金庫から義援金として寄付する仕組みで、例えば金利０・０２５％で１００万円を1年預けて発生する利息２５０円の４倍の千円が義援金となるわけです。

２０１1年3月17日に取り扱いを始めたところ、すぐに大きな反響を呼び、1年後には約１６５万円を被災地に寄付することができました。

その一方、東京電力福島第1原子力発電所の事故に対しては手も足も出せず、もどかしさを募らせていた時、あぶくま信用金庫（福島県南相馬市）から「新卒者の採用を取り消さざるを得ないので、引き受けてもらえないか」という相談を受けました。

話を聞いてみると、あぶくま信金は支店の約半分が放射能汚染による避難指示地域に含まれてしまい、閉鎖を余儀なくされたのです。これには大きな衝撃を受けました。

「もちろん、内定者全員でお越しください」

被災地の他の信金にも声を掛け、あぶくま信金の４人に加え、宮古信用金庫（岩手県宮古市）からも６人を受け入れることになりました。

新社会人として新たなスタートを切ろうと、希望に胸を膨らませていたであろう、その矢先に、突然、明るい未来を失うことになった若者の胸の内を思うと、何ともやるせない気持ちになりました。しかも、彼らの出身地には、放射能の汚染により、先祖代々暮らしてきたふるさとを、何の前触れもなく失ってしまった人々が大勢いるのです。

私自身、生まれ育った地域で信金の仕事をし

城南信金の新体制後に開催された、ＯＢの懇親会「ホームカミングデー」。この約４カ月後に東日本大震災が発生した＝2010年11月

てきたため、ふるさとである地元にひときわ愛着があります。それだけに被災地の人々の悲惨な状況を思うと、本当に胸が張り裂けそうになりました。

それなのに、原発事故を収拾する方策が一向に定まらないばかりか、政府も、東京電力も、謝罪どころか責任の所在にはまったく言及しません。

マイクを向けられて出てくるのは「想定外」という言葉ばかり。それどころか、テレビや新聞では「それでも原発を止めるわけにはいかない」「原発停止は日本経済を危うくする」という論調が日ごとに強まっていきました。

改めてマスコミ報道を注意深く見てみると、「関係者筋によると」「専門家筋によると」という典型的な世論誘導が行われていました。そこには未曽有の大事故が起きてもなお、原発を推進したいという強い意図をもった政治勢力の存在が感じられました。

この国はいったいどうなっているのか、徹底的に調べてみようと思いました。

大反響を呼んだウェブでの脱原発宣言

恥ずかしながら私は、東京電力福島第1原子力発電所の事故が起きるまで、原子力発電について深く考えたことがなく、政府や電力会社、マスコミ、学者らがつくった「安全神話」を妄信していた一人でした。

ところが、原発に関する文献や資料を読みあさって分かったのは、クリーンエネルギーだと宣伝されてきた原子力発電の、うそで塗り固められた歴史でした。最先端のテクノロジーで防護されていたはずの原発は、いったん事故が起これば、人間の知恵や力が全く及ばない、取り返しのつかない事態を招いてしまう。しかも日本には使用済み核燃料を保管する施設もありません。さらに政府は将来にわたって発生する膨大な間接コストを無視し、単純に直接コストが安いという理由で原発推進に世論を誘導してきた。これはまさに「国家ぐるみの壮大な粉飾決算」そのものです。

こうした事実を知るにつけ、これまで原発について何も考えてこなかった後悔と知的怠慢に甘んじてきた自分自身への怒りが湧いてきたのです。

福島第1原発事故に対する責任の一端は、原発の正体を見て見ぬふりをしてきた私たちにもある。そう思い至ったとき、地域のために尽くす金融機関として何をなすべきかが見えてきました。政府や財界、マスコミが間違っているなら、それに対して異議を唱え、原発を止めることが、地域を守る公益事業である信用金庫の果たすべき使命だと。

それを形にしたのが、２０１１年４月１日から、城南信用金庫のウェブサイトに掲載し

2011年4月から脱原発宣言を掲載している
城南信用金庫のウェブサイト

た「原発に頼らない安心できる社会へ」というメッセージです。

そこでは原子力エネルギーに依存することへの危険性を訴えるとともに、節電や冷暖房の設定温度の見直しなどの具体的な取り組みを挙げ、また地域金融機関として、省電力、省エネルギー、代替エネルギーの開発利用に貢献していく決意を表明しました。

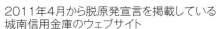

この「脱原発宣言」と同時に、それまで保有してきた東京電力の株式と社債はすべて売却しました。それは東電が、金融機関の融資判断の五つの原則（安全性、収益性、成長性、流動性、公共性）のうち、最も大切な「公共性」を満たさないと判断したからです。

当初は城南信金の内部からも「脱原発なんて金融機関に関係ないのではないか」という意見がありました。しかし原発問題の重大さ、深刻さを全員が共有していたため、最終的には全員が賛成してくれました。

金融機関は政治活動に関与すべきではない、という人もいますが、これは2つの意味で間違っています。

そもそも日本でも世界でも、金融機関は莫大な政治資金を政治家に提供するなど、昔から政治に深く関与してきました。自分たちに都合のよい法律や通達をつくるため、政治家や官僚と浅からぬ関係を築いてきたのです。これは確かに否定すべき政治への悪しき「関与」ですが、では政治とは何でしょうか。

政治とは「皆にとって理想の世界をつくること」で、こうした意味での政治には、企業としても積極的に関与すべきであると思います。

金融機関の政治関与を否定するもうひとつの考え方は、世の中に異なる考え方や信念があるとき、いずれかに加担するのではなく、中立を保つべきだというものです。この背景には、どちらかの肩を持てば、別の考えの人に取引を中止されてしまうのではないかという懸念や危惧があります。

一見して中立は望ましいように思えますが、「一人でも多くの取引先を得て業績を上げることが企業の最大の目的」であるという、拝金主義、利益中心主義、価値相対主義、虚無主義に他ならず、高い理想を掲げ、地域の方々の幸せを目指す信用金庫の理念とはまったく相反するものです。そう考えると、金融機関としても、社会的な正義、真実、善なるものの実現に全力を尽くすことは当然だと思います。

城南信金の「脱原発宣言」について、金融業界内では「そこまでやるのか」という驚きはあったものの、決してネガティブなものではなかったと思います。「最後のバンカー」「名経営者」といわれる西川善文氏（三井住友銀行元頭取）は、同年5月26日の日経新聞電子版に掲載された「脱原発は可能か」という記事で、「城南信用金庫のこの英断は、原発依存から脱却するための再生可能な代替エネルギーへシフトする意識の大転換に貢献する」と高く評価してくださいました。

震災を機に企業文化を改革

東日本大震災の発生後、義援金を送るだけではなく、もっと何かできることはないかと考えて、ボランティア休暇制度を創設しました。

私たちは城南信金が新体制になってすぐ、企業本位、業績中心主義という古い企業文化を正しいものに変えなければいけないと痛感していました。そのためにも、ボランティアに真剣に取り組もうと考えたのです。新田輝夫、大塚健一という社会貢献意識の高い専務理事2人が被災地支援対策本部長となり、積極的に取り組むことになりました。

そして2011（平成23）年4月15日、私を含む9人の役職員がバスをチャーターして被災地に入り、宮城県の気仙沼信用金庫や石巻信用金庫を慰問して、野菜などの生鮮品や生活支援物資を届けました。

4月20日には「被災地支援ボランティア隊」の第1陣6人が同県石巻市に入り、炊き出しや物資の配布などを行い、続いて29日には支店長から新入職員までを含む23人が、5月15日には20人が「被災地支援一日ボランティア隊」として、炊き出しを行いました。

以来3年以上にわたり、石巻市香積寺の川村昭光住職の協力を得て、全役職員の半数に及ぶ1000人が交代で1週間、仮設住宅に泊まり込んで、炊き出しなどのボランティアを行いました。義援金やボランティアなどの活動を壁新聞にして各支店に張り出したところ、来店するお客様が「城南さんは良いことをやってくれる」と喜んでくださいました。

実は、東京や神奈川には東北地方の出身者が多く、「自分の故郷を助けてくれてありがとう」と言葉をかけられたこともあります。こうした一言で私たちは勇気百倍、次のボランティアにつなげることができたのです。

一方で毎月、優れた経営者を招いて話をしてもらう支店長研修も開始しました。第1弾としてお好み焼き店を国内外に展開している千房株式会社（大阪市浪速区）の中井政嗣社長にお願いしたところ、快諾を得て、「誰に対しても感謝と奉仕の心が大切」と教えていただき、感銘を受けました。また山本周五郎の本を読むよう勧められました。

「居酒屋から日本を元気にしたい」とNPO法人「居酒屋甲子園」を立ち上げた名経営者で、居酒屋「てっぺん」創業者の大嶋啓介社長にも講演していただき、その大嶋さんが尊敬する福島正伸先生（アントレプレナーセンター代表取締役）には、1年間の全職員研修をお願いしました。

被災地でのボランティア活動と併せ、地元の石巻信用金庫を訪問した城南信金の役職員と筆者（前列左）＝2011年4月、宮城県石巻市

「夢と勇気と笑顔のあふれた世界をつくろう」「ピンチはチャンス」「人類のためにやる」など前向きなキーワードの連発に誰もが圧倒されますが、実は日本の一流企業がこぞって頼りにする〝組織活性化のカリスマ〟。稲盛和夫日本航空（ＪＡＬ）名誉会長も大変信頼しており、ＪＡＬの経営再建でも、福島先生が意識改革を担当されたそうです。

城南信金の研修を依頼する際、役員幹部の大反対に遭いましたが、安藤豪昭、広瀬二郎という元役員の先輩（特別顧問）がぜひやるべきだと援護射撃をしてくれ、なんとか実現にこぎつけました。

実は福島先生はその研修期間中にがんが見つかったのに、それを隠したまま、1年の課程を最後まで熱くやり終えてくださいました。

命にかかわる重病なのに、どうして隠していたのかと尋ねると、「城南信金さんの研修が終わるまでは手術はできません。命を懸けていますから」と笑って話されました。その思いと覚悟を聞いて、研修最後の発表会では、会場中の全職員が号泣しました。

幸い福島先生はその後、がんを克服されましたが、福島先生の研修は城南信金の意識改革、理念重視経営への意識転換における大きな一歩となりました。

「節電3商品」を発売

城南信用金庫が脱原発宣言を行った後、私はマスコミを集めて、原発が危険なこと、脱原発により経済の活性化が図れることを国民に訴え、社会に大きな動きを起こそうと試みました。

長年、広報を担当していたのでニュース性は十分にあると考え、事実、興味を持った新聞記者が大勢集まり、テレビ局もＶＴＲを撮影してくれました。ところがそのほとんど全てが本社レベルでボツにされてしまったのです。私は原発に関する報道管制の強さに驚き、日本がいつから報道の自由のない全体主義社会になってしまったのかと、ぞっとしました。

しかし、4月1日に出した脱原発宣言は知らないうちにツイッターで拡散され、Ｏｕｒ《アワ》Ｐｌａｎｅｔ《プラネット》－ＴＶの白石草《はじめ》さんが取材に来られました。そのインタビュー映像がイン

東日本大震災を機に、「勤倹貯蓄」のシンボルとして復活した「信ちゃん貯金箱」

ターネットの動画サイトYouTube《ユーチューブ》にアップされるとすぐ、驚くほど大きな反響があったのです。

4月28日には作家の高橋源一郎さんが朝日新聞の論壇時評で「この1カ月、私が目がさめる思いで読んだのは城南信用金庫の脱原発宣言であり、YouTube上に公開された理事長のメッセージだった」と、私のことを取り上げてくれました。

そこで、私は次のマスコミ向けの広報作戦として、節電を促す新商品を開発することにしました。商品紹介記事なら抵抗が少ないと思ったからです。

新商品は、エコ設備を導入される人を対象に、当初1年間の金利を0%、2年目以降は1%にする「節電プレミアムローン」、省電力のために10万円以上の設備投資をした個人を対象に、1年ものの定期預金金利を1%（1世帯100万円まで）にする「節電プレミアム預金」。これに、前年比で30%節電した人にイメージキャラクターの「信ちゃんの貯金箱入り福袋」をプレゼントする「節電応援信ちゃんの福袋サービス」を加えた三つを「節電3商品」として発売しました。

信ちゃんは昭和40年代に全国の信用金庫のマスコットとして活躍したキャラクターで、信金の原点である「勤倹貯蓄」のシンボルとして復活させたものです。

これらには予想通りマスコミも注目してくれて記事になり、城南信金の脱原発の方針を周知するとともに、商品の営業活動を通じて、原発を止めることを地域のお客さまに呼び掛けることができました。

城南信金内でも照明や空調など、徹底した節電に取り組みました。電気に占める原発の比率、約30％を節電できれば、原発が不要だと実証できるからです。お客さまのいるロビーの照明をどうするか迷っていると、年配の方に「こういう時だから電灯を消しなさい。戦争中はもっと大変だったのよ」と言われました。

さらに本支店の照明をＬＥＤに替え、ソーラーパネルを設置し、空調設備も新しいものに取り換えた結果、震災後、初めての夏の全店の電気使用量は、前年比で30％以上減り、原発がなくても全く問題はないと実感しました。

浜岡原発訴訟に原告として参加

城南信用金庫が金融機関としては異例の脱原発宣言を行ったのは、２０１１（平成23）年４月１日。「信用金庫」がなぜ「脱原発」を宣言するのかという意外性もあり、幅広い世代が大きな関心を寄せてくれました。

脱原発宣言に明記した通り、城南信金の本支店が一丸となって節電への取り組みを始めて間もなく、中部電力浜岡原発（静岡県御前崎市）の廃炉訴訟の弁護団長の河合弘之弁護士から手紙が届きました。それまで面識はまったくありませんでしたが、「原告としてぜひ参加してほしい」という依頼でした。

浜岡原発では既に03（平成15）年7月、市民団体による運転差し止め訴訟が起こされていましたが、東日本大震災の発生後の11年7月1日、改めて廃炉を求める訴訟を起こすことになったのです。

金融機関のトップとしてそこまでやるべきかどうか迷いましたが、浜岡原発は関東圏に近く、直下には活断層があり、施設も老朽化していて危険性が高いことを知り、地域を守るために、原告団参加を決断しました。

この原告団には慶応大学の10年先輩である三上元・同県湖西市長（当時）も加わっていて、浜岡から約60キロの湖西市では、「廃炉にしてほしい」という市民の声が多いと聞きました。

翌春には三上市長の協力要請を受け、「脱原発をめざす首長会議」の設立総会を城南信用金庫本店で開催しました。

城南信用金庫本店の屋上に設置された太陽光発電パネル＝東京都品川区

この会議は12（平成24）年1月にパシフィコ横浜で開催された「脱原発世界会議」をきっかけとして、三上市長と上原公子さん（元東京都国立市長）が呼び掛けて立ち上げたもので、設立時には35都道府県の現職首長64人、元職首長6人が参加していました。

その一方、大手マスコミが脱原発を正面から取り上げるのが難しい状況は続いていましたが、脱原発の方向で記事を書こうとする記者らは、脱原発を明言した「変わった信金理事長」にインタビューするという苦肉の策で私を取り上げてくれるようになりました。

こうしてマスコミからの取材要請や市民団体などからの講演依頼が増える中、私は、原発問題は政治的なイデオロギーを問う問題ではなく、環境問題だと繰り返し主張しました。多くの企業はＣＳＲ（企業としての社会的責任）として森林保全や砂漠の緑化問題に取り組んでいます。それと同じように、未曽有の環境問題を引き起こした原発問題に対しても、一緒に行動しようと訴えたのです。

私はどちらかというと人前で話すのは苦手で、ちょっとしたことで口ごもってしまうことも少なくありませんでしたが、気が付くと、脱原発宣言をするまでの経緯、取り組んだ節電方法などを熱く、雄弁に語る自分がいました。

一歩間違えれば取り返しのつかない事態に至る原発から何とか脱却したい、私たちの行動を自分の言葉で伝えたい、という必死の思いに突き動かされていた私の変わりように一番驚いていたのは、他ならぬ私自身でした。

新電力から電気を購入

城南信用金庫では脱原発宣言に基づく節電への取り組みの一環として、2012（平成24）年から、本支店のおよそ9割にあたる77店舗で電力の供給元を東京電力から新電力に切り替えることにしました。東京電力が「原発を稼働しないと電力が足りない」と国民を脅したからです。

新電力とは「特定規模電気事業者」のことで、「PPS」とも呼ばれ、大手電力会社の送電線を使って送電していますが、供給されているのは原発に頼らない安全な電気です。6千ボルトの高圧で50キロワット以上の電力使用量のある事業所であれば購入可能（当時）で、書類上の手続きだけで変更ができ、新たな設備等は必要ありません。

導入したのは東京ガス、大阪ガス、NTTファシリティーズが共同出資して設立した「エネット」で、川崎天然ガス発電株式会社（川崎市川崎区扇島）から電気を得ています。

この発電所は液化天然ガス（LPG）を燃焼させてガスタービンを回し、その排熱で水を蒸気に変えて蒸気タービンを回すガスコンバインド（複合）発電で、熱効率が良く、二酸化炭素の排出量も少ないのです。

信用金庫として「脱原発」を宣言した筆者の著書。左は『城南信用金庫の「脱原発」宣言』（クレヨンハウス）、右は『信用金庫の力』（岩波ブックレット）

ところで、原発に依存しない電力の需要を高めるには、城南信用金庫だけが新電力に切り替えても意味がありません。

そこで11（平成23）年12月2日、城南信金の本店で環境エネルギー政策研究所（ISEP）の飯田哲也所長を招き、「原発を使わないPPSへの電力契約切り替え」の記者会見を行い、新電力に切り換えれば原発は確実に止められると訴えました。

たまたまその直後に電気料金の値上げが発表されて新電力が注目され、需要に応じきれないという事態も起きましたが、電力ビジネスに乗り出す企業は多く、16（平成28）年4月には電力の小売り完全自由化が実施されました。

現在は一般家庭や50キロワット未満でも契約できるようになったので、各家庭でもぜひ原発由来ではない電力会社への切り換えを検討してもらいたいと思います。

城南信金全体の電気料金はそれまで年間約2億円でしたが、新電力に切り替えた後は約1000万円以上、およそ5％の節約ができています。

新電力のシェアは5％程度ですが、実は東京・霞が関の官公庁では東日本大震災発生の前から新電力への切り替えが進み、農林水産省、総務省、内閣府、国土交通省はエネットから、経済産業省、法務省、財務省、外務省も他の新電力と契約したのです。

中央官庁は新電力の利点を享受しながら、その情報を国民に正確に伝えないまま、国民には「値上げやむなし」とする東京電力の電気を買わせ続ける、そこには何らかのバイアス（偏った考え方）がかかっていると感じざるを得ませんでした。

ちなみに神奈川県、横浜市、川崎市、平塚市などは東日本大震災以前から新電力を導入しており、震災発生から12年の7月までの間に、大磯町、真鶴町、綾瀬市、秦野市、愛川町、二宮町、葉山町などが新電力に切り替えました。

原発推進派をけん制するためには多くの人が電気に関心を持ち、原発由来ではない電気の使用を拡大していくことが大事だと思います。

脱原発への共感が続々と届く

東京電力から新電力へ契約の切り替えを発表した記者会見が多くのメディアで取り上げられると、「知らなかった」「うちも切り替えたい」というお客さまの声が多く寄せられました。

そこで脱原発宣言と同じく、少しでも脱原発への思いを共有してほしいとの願いを込めて、城南信金として、原発依存ではない電力会社への切り替えを勧めるパンフレットを作成しました。

こうした活動は年配の方々や若いお母さま方からは賛同を得られていましたが、中小企業の経営者からは拒絶反応が示されるのではないか、と内心では危惧していました。お客さまの中には大量の電気を消費する町工場も多く含まれていて、電気の安定供給は死活問題だからです。

城南信金と取引のある企業経営者らが共同開発した
節電グッズ「Aらま〜」について説明する筆者

しかし、そうした心配はまったくの杞憂に終わりました。

例えば淵野辺支店（相模原市中央区）の取引先の製造業の経営者が中心となって設立された「淵野辺白梅会」という親睦会は脱原発宣言に賛同してくれただけでなく、メンバーの7社長が連名でこう申し出てくれたのです。

「自分たちも原発のない社会の実現に貢献するために、節電に役立つ商品を共同開発したい」

代表の河野八朗さん（駒澤化成株式会社代

表取締役会長）は福島県郡山市の出身で、「吉原理事長の話を聞いて、よしやろうと思った」とのこと。個人の損得勘定にとらわれず、他人を思いやる気持ちを押し出す強いリーダーシップと熱いビジョンに感動するとともに、経営責任を一身に負う、オーナー企業の経営者はやはりすごいと思いました。

そうして生まれたのが手のひらに乗るサイズの消費電力測定器「Aらま〜」。家庭のブレーカーに接続して使用するタイプで、選択したアンペア数をオーバーすると警告音で使い過ぎを知らせてくれます。

これは脱原発の思いが目に見える形で広まっていることを、とても心強く感じられた一例です。

こうして、できることからやっていくというスタンスで始めた脱原発の活動が広まるとともに、人脈もどんどん広がっていきました。

まったく面識のない人から突然連絡をもらうことも珍しくなくなりましたが、民主党政権下の菅直人内閣で内閣官房参与として原発事故対策、原子力行政改革などに取り組んでいた田坂広志さん（現多摩大学教授）から、「官邸に来てもらいたい」と電話があった時は、もともと著作の大ファンであっただけに、さすがに驚きました。

雑誌『オルタナ』編集長の森摂さん、反原発の立場で活動し、岡山県の古民家で電気の自給生活を送っている文筆家の田中優さん、環境学者の飯田哲也さん（認定NPO法人環境エネルギー政策研究所所長）をはじめ、作曲家の坂本龍一さん、音楽プロデューサーの小林武史さん、ロックミュージシャンのSUGIZOさん、書家の矢野きよ実さん、元THE JAYWALKの中村耕一さん、SOLAR BUDOKAN（100％ソーラーエネルギーで実施するロックコンサート）を発案した佐藤タイジさんなど、環境に関心の深いアーティストの方々とも各地のイベントでご一緒し、協力をいただいています。

また、脱原発首長会議の発足のために城南信金の講堂を会場に提供した関係で知己を得た社民党の福島瑞穂さんとご主人の海渡雄一弁護士、さらに日本共産党の志位和夫委員長や、「なんとなく、クリスタル」の著者で元長野県知事の田中康夫さんらとも、脱原発について語る機会を得ました。

デモ空撮のために寄付を募る

脱原発宣言以後、多くの人と知り合いましたが、映画監督で横浜国大OBの岩井俊二さんもその一人。震災後に再会した友人やツイッターなどを通じて出会った15人が、震災後の未来を語るドキュメンタリー作品に出演を依頼されたのがきっかけです。

驚きながらも出演を引き受けた私は、金融業界に身を置く立場から、原発問題はお金の暴走によって良識や分別を忘れてしまった現代人によって引き起こされたもので、脱原発を実現するためには、脱拝金主義が必要だという持論をカメラに向かって語りました。

そうして出来上がった「ｆｒｉｅｎｄｓ ａｆｔｅｒ ３・11劇場版」は東日本大震災発生から1年後の２０１２（平成24）年３月10日、東京・渋谷のオーディトリウム渋谷で封切られました。

それからおよそ３カ月後の６月27日、今度は反原発を唱えてきた作家の広瀬隆さんの突然の訪問を受けました。広瀬さんは当時、東京の永田町周辺で毎週金曜日に開かれていた

城南信金の口座で募った寄付金で、東京・永田町周辺での抗議デモをヘリコプターで空撮した動画の一部＝2012年6月（画像提供・正しい報道ヘリの会）

原発再稼働に反対する抗議集会についてこう語ったのです。

「数万人が参加しているのに大多数のマスコミは警察発表の『1万1千人』と報じ、国民の声を積極的に伝えようとしない。ヘリコプターで抗議活動を上空から撮影してネット配信し、マスコミにプレッシャーをかけたい。そのために広く寄付金を募りたい」

そこで脱原発宣言を行った城南信金に口座を開き、100万円を集めたいというのです。私は「正しい報道ヘリの会」の設立を手伝って広く寄付を募るとともに、この会の賛同者第1号として個人的に10万円を寄付しました。

2日後の29日、半月前に関西電力大飯原子力発電所（福井県）の再稼働が決まっていたため、今まで以上の大々的な抗議活動が起こると予想されました。参加者は主催者発表で約20万人。アメリカのニューヨーク・タイムズが「60年代の安保闘争以来、東京の中心部で行われた最大の集会」と報じた人の波の中に、実は私もいました。

かつては学生運動にもデモにも加わらなかった私ですが、広瀬さんの趣旨に賛同した者として、一人でも多く参加した方がよいと思ったのです。私は妻と企画部の若い職員に声を掛け、永田町へ向かいました。

そこで目にしたのはデモに抱いていたイメージとは異なり、老若男女を問わず、日本の未来を憂慮する人々が主義主張を超えて集い、心の叫びを伝えている姿でした。世論調査で国民の8割が脱原発を望んでいるのに、政治家はいったいどこを見ているのか、そんな思いで歩を進めました。

デモの3日後、広瀬さんが城南信金の支店へ記帳に赴くと、驚くことに通帳5冊分の寄付金が集まっていました。総額は約788万円に達し、このうち105万円がデモのヘリコプター空撮費に充てられました。そして500万円を福島原発告訴団に寄付し、残金は7月16日に開催された「さようなら原発代々木大集会」と、同29日の国会議事堂周辺の抗議活動の空撮に使われました。

第二章　信用金庫の使命と責任

預金や融資業務に汗を流す

ここで、私の脱原発活動の精神的な礎となっている信用金庫の理念について知ってもらうため、私と城南信用金庫との関わりを振り返っておこうと思います。

1977(昭和52)年4月、慶応大学経済学部を卒業した私は、城南信用金庫で働くことになりました。キャンディーズが「普通の女の子に戻りたい」と解散を宣言し、巨人の王貞治選手がホームランの世界新記録756号を達成した年です。

就職が難しい時期の縁故採用だったため、肩身の狭い気持ちを抱えていたこともあり、恩返しのつもりで、一生懸命に頑張ろうと思いました。

最初に配属されたのはJR大森駅の近くにある入新井支店でした。城南信用金庫の前身である入新井信用組合として創設された、庫内で最も古い支店です。

金融機関の主な業務は預金、融資、為替の三つですが、最初は預金係。1年前に入庫した3歳年下の高卒の女性の先輩に「何にもできないのね」と叱られ、アカデミックで高尚な理論の世界から、シビアな現実に引き戻されました。

お札を数える、いわゆる「札勘」には、縦方向に持って数える「縦読み」と扇形に開いて数える「横読み」がありますが、最初はどちらもなかなか数が合いませんでした。

普及し始めたばかりの電卓「カシオミニ」では桁数が足りず、そろばんのできる女性が頼り。中には100億円の桁数まで暗算でこなすつわものもいました。

「いったい大学で何をやってきたんだろう」と思いながら、自分でできることは何かと考え、作業のマニュアルを作ってみました。

これまで先輩たちが積み上げてきたノウハウが「一子相伝」のように一部の人にしか伝わらないのはもったいないと思い、法律に合っているかどうかも確認しながら、情報の共有と継承を図ろうと作ったもので、これはなかなか好評でした。

一方、融資の回収は大変な仕事でした。督促の手紙を出し、電話をかけ、時にはお宅を訪ねます。

お客さまの返済が滞るのには何らかの理由があるはずなので、返済計画を相談したいのですが、なかなか連絡が取れません。日中が無理なら夜遅く、あるいは朝早く、休日に住民票をたどって引っ越し先を探して訪ねたこともあります。

どうしても返済することができず、事業を畳んで田舎に帰ることを決めた社長さんが、身動きもせず、じっと仏壇に手を合わせていた後ろ姿は忘れられません。また、女性従業員の結婚資金のはずが実は運転資金で、しかも後々、その女性が社長の奥さんになっていたのには驚かされました。

入庫直後だけに、覚えることはいろいろありましたが、先輩はいい人ばかり。残業も多かったけれど、仕事が終われば、飲んでビリヤードにマージャン。給料をもらって遊べる社会人はいいなぁと思いました。

ただ、中高の6年間通った麻布は男子校で、慶応義塾大学も経済学部はほとんど男子ばかり。それが城南信金では女性が多く、しかも地方出身のしっかり者ぞろいで、どう接していいのか初めは分かりませんでした。

それで、給料日になると女性従業員に、日頃お世話になるお礼にあんみつやトンカツをごちそうし、流行のスケートリンクにお供をするなどして、少しずつ仲良くしていただけるようになりました。

城南信金の支店に配属後、女性の先輩には「鍛えられた」と筆者＝1978年ごろ

信金で外為業務が始まる

城南信用金庫で最初に配属された入新井支店では、高卒の先輩女性たちに大いに鍛えられました。うっかり口答えでもしようものなら「理屈ばっかり言っていないで、手を動かしなさい」という始末です。

しかも私は「すぐ忘れる」ことでも有名でした。次のことを考え始めると前のことをすっかり忘れ、伝票を置き忘れることもしばしばだったからです。そのため、一般的な支店業務は不向きと判断されたのか、新規業務の「外為」をやれとの辞令を受けました。

入庫して3年目の1979（昭和54）年12月、外国為替及び外国貿易法（外為法）が全面的に改正され、それまで一部の銀行のみに許されていた対外資本取引が、原則として自由化されることが決まったからです。

私はその準備のため、城南信金の本部で2カ月、東京銀行（東銀）外為センターの神田分室で半年、研修を受けました。商工組合中央金庫（商工中金）、長崎市の十八銀行、津市の百五銀行など、東銀と提携関係にある地方銀行の若いエリートたちが一緒でした。

研修は本を読んだり、話を聞いたり、既済の外為の書類を見て経験値を上げるというもの。膨大な書類の山を前にした私は、研修の結果を共通の財産にして残そうと、あるテー

東京銀行の外為センター・神田分室で研修中の筆者＝1980年ごろ

マに基づいて分類してみました。

そして陸・海・空の複数の運送手段を利用する運送を、一つの契約で引き受ける複合運送の処理に関してリポートを書いてみようと思ったのです。

輸出者が輸入者宛てに送付した複合運送書類が、輸送した品物を受け取る有価証券・担保証券になるのか、単なるレシートにすぎないのか、書類を一見しただけでは分かりにくいと感じていたからです。

書類で分からないことが出てくると、仕事を休んで輸出入会社を訪問したこともあり、実際の書類とその判断事例をまとめたリポートは、東銀の研修センターで重宝されました。

城南信金へのフィードバックはもちろんですが、その後、東銀の研修生がそのリポートを自行への報告資料にしていると聞いたときはとてもうれしく思ったものです。定時出勤でなくても自分で判断して行動し、それで結果が出ればいい、そんなふうに考えている生意気な若者でした。

城南信金の外為部では、東銀から出向してきた部長と課長を筆頭としたチームを組み、82（昭和57）年2月の業務開始に備えました。

ところが、周到に準備を重ねてきたはずなのに、いざ取引が始まると誰に聞いても分からず頭の中は真っ白。とにかく頭をフル回転させ、何枚も伝票を起こし、勘定が合った時は万感の思いでした。

取引開始の日、全国の信用金庫が一斉に外為業務を行いましたが、最初に勘定が合ったのが城南だと知り、誇らしく感じました。

しかし、実際には眠れない日が続き、1週間後には仕事中に突然、先輩が一人倒れたほどのストレス。ゼロからの新規業務の立ち上げは、それほどきついものでした。

信金法制定30周年の記念論文に入賞

外為業務開始の研修や準備に追われていた1981（昭和56）年、全国信用金庫協会が信用金庫法制定30周年を記念し、論文を募集していることを知りました。

毎日残業続きでしたが、帰途に先輩のおごりで飲みながら、先輩の本音を聞いたり、自分の疑問をぶつけてみたり、楽しく過ごしていました。慶応大学で周囲から「ワーカホリック」と呼ばれた加藤寛ゼミに比べれば楽なものです。加藤先生は「経済学で最も大切なのは困っている人を何としても救いたいという社会的情熱である」というイギリスの厚生経済学者ACピグウの言葉を座右の銘として経済政策学を論じた人で、私にとってはかけがえのない恩師です。

一方でこの頃から、信用金庫というものについて自分なりに考えるようになり、信用金庫を経済学的な視点から見直して論文にまとめてみようと思い、帰宅後に少しずつ書き進めていきました。

当時、有権者や政治家、官僚、団体などの行動が、政策決定の過程にどう影響を及ぼすかを経済学的に考察する「公共選択論」が注目されていました。

米国の経済学者のジェームズ・ブキャナンらが提唱したもので、加藤先生はその理論を日本に広め、後年、「公共選択学会」を設立されています。

経済学では多くの人が同時に不自由なく利用できる公共財のうち、国防や外交、司法制度や行政サービスなどを「純粋公共財」、公園や図書館、公立病院などを「準公共財」といいます。そしてブキャナンは準公共財のうち、限られた個人の集まりである「クラブ」の範囲で、消費が競合しないものを「クラブ財」とする考え方を示しました。会員制のスポーツクラブのようなイメージです。

クラブ財はそのクラブのメンバーにならない限り便益が及びませんが、競合性は低く、共同で財やサービスを保有します。

私はこのことを踏まえ、同じ金融機関でも協同組合にルーツを持つ信用金庫は銀行と本質的に異なり、「信金はクラブ財である」と主張しました。私的利益のためではなく、協同組合として広く地域社会に貢献する公共的な経営ができるからです。

信用金庫はそれまで観念的な協同組織論で

筆者が信金の論文で入賞した頃に開店した城南信金の横浜支店=1982年、横浜市中区長者町

語られることが多く、一般的な近代経済学による信金批判を論破できませんでした。信金のやり方のほうが経済効率は高いということを示すには、やはり経済学の視点から信金を語らなければならない、そんな思いで論旨を組み立てました。

今日では信金がクラブ財であることは学会でも認められていますが、それを私がいち早く指摘したという自負は持っています。

上司に勧められて応募したところ、後の信金中央金庫の坂戸俊夫副理事長（現しんきん証券監査役）、京都中央信用金庫の平林幸子副理事長とともに入選し、たいそう驚きました。その当時、20代の平職員だったのは私だけです。

審査員の一人である一橋大学の吉野昌甫《まさひと》教授（現名誉教授）が高く評価してくださったそうですが、「では銀行とどこが違うのかが、書かれていなかった点が惜しい」という耳の痛い指摘もありました。実は当時の信用金庫業界は、社会貢献活動にあまり積極的ではなかったのです。しかし、これを機会に、信用金庫と銀行の違いについて考え続けたことが、後年の『信用金庫の力』（岩波ブックレット・２０１２年）の執筆につながりました。

そしてこの論文入賞が認められ、早稲田大学ビジネススクールに通うチャンスが巡ってきました。

黎明期のパソコンに熱中

全国信用金庫協会の30周年記念論文に入選してしばらくしたある日、城南信用金庫の本部から呼び出され、行ってみるとビジネススクールに通わせる若手を選抜する面接でした。

ここは誰だって「ぜひ行かせてください」と答える場面ですが、開口一番、「私は行きたくはありません」と答えていました。

ありきたりの返答ではつまらないという反発心もありましたが、あえてビジネススクールに行かなくても、たとえば信金経営に役立つ新しいアイデアはいろいろ温めているという自負があったからです。

個人として行きたい、行きたくないではなく、行って学べば本当に金庫の役に立てるのか、面接担当者にはそこを見てほしい。行こうが行くまいが、自分は金庫のためにやることはやるという気持ちが言わせた、へそ曲がりの答えでした。

就職面接で「御社のために」ではなく、「社会に貢献したい」と言い続けていたのと同じで、聞く人に真意を分かってもらうのが難しい理屈です。

「でも、行かせていただければ、きっと役に立ちます」

こんな経緯で若手の中から選ばれ、1982（昭和57）年、私は早稲田大学理工学部の生産研究所内にある「早稲田大学ビジネススクール」に通うことになりました。

このスクールでは、コンピューターを使った解析論やマーケティング論、システム設計などを学びました。中でも一番役立ったと思えるのは、当時まだ珍しかったパソコンを使ったプログラミングです。

コンピューターシミュレーションも行い、行列がどのくらい混雑していればどのくらい待つのかを解析する「待ち行列理論」や、最短経路問題、オペレーションズリサーチなどを興味深く学びました。

自宅でも８ビットの人気機種の一つだったＮＥＣのＰＣ―８８０１を買い、プログラミング言語の「ＢＡＳＩＣ」を覚え、計量経済学で学んだ多変量解析や重回帰分析ができるプログラムを自分で作りました。

パソコンに夢中になった頃から視力が落ち、
眼鏡を掛けるようになった筆者＝1982年ごろ

こうした解析は大学時代にも経験し、大型コンピューターを使えばできることは分かっていましたが、当時は電卓しかなく、とても苦労しました。それがパソコンなら何回でも自宅でできてしまいます。

始めるともう夢中になり、徹夜もいとわないほどで、コンピューターディスプレイを見過ぎたために、この時期から急速に視力が落ちてしまいました。

マクロ経済学におけるパソコンの威力を実感した私が慶応大学の恩師・加藤寛先生の秘書に自慢したところ、加藤研究室でも欲しいということになり、導入のお手伝いをしました。いわゆるワープロソフトや表計算ソフトがまだない時期で、全部自作するしかありませんでした。そうした創作ソフトはスクールの卒論作成の分析はもちろん、早稲田の学生たちも重宝して使っていました。

当時のパソコンは日本語表示や日本語入力の問題があり、ビジネス用途には限界がありましたが、パソコン黎明《れいめい》期にその基本を学んだことは大きな財産となっています。

企画部からトップの考えを発信

早稲田大学ビジネススクールを終えて間もない1983（昭和58）年4月、私は城南信用金庫の本部企画部に異動になりました。いわゆるトップマネジメントをサポートする部署です。

支店ではお客さまの方を向いて仕事をしていれば間違いはありませんが、企画部では、トップから見たお客さまの存在を意識して業務を進めなければなりません。そのため、自然とトップが何を考えているか、考えるべきか、ということに関心を持つようになります。

信用金庫とはどんな組織なのかから始まり、金融や金融機関、会社、社会、国、人間等々について古今東西の哲学・宗教などから広く知識を学び、トップが考慮すべき問題や論点を整理し、参考となる資料も作成します。

まだ20代の若輩者が、まるでトップになったような気持ちで、マスコミや大蔵省（当時）の委員会など、公的な場でのトップ発言の骨子を固める、ある意味では空恐ろしい、背筋が寒くなるような仕事です。

当時のトップ・小原鐵五郎《てつごろう》会長は1899（明治32）年生まれで、この年84歳。その年齢と見識にふさわしく、かつ、当時の金融界における卓越した存在感に見劣りしない語彙《ごい》と内容が求められます。しかも説得力があり、共感を得られるものでなければなりません。組織内に向けて発する経営方針やメッセージについても同様です。

国際化を視野に城南信金内で開かれた英語スピーチコンテストに参加する筆者＝1980年代前半

ろくな人生経験もない私にはとても無理な話で、最初は駄目出しの連続。それでも分かりやすく、曖昧さを残さないというビジネス文書の基本を徐々に身に付けていきました。

小学生でも分かるような日常的な平易な言葉で、字数は少なめ。抽象的、多義的、象徴的、文学的な表現はタブーです。常に読み手を意識し、相手に誤解を与えないことが鉄則です。それは新商品の企画提案においても同じでした。

当時は１９７０年代から徐々に進められた金融の自由化、国際化、機械化という大きな転換期に当たり、小原会長は66（昭和41）年から87（昭和62）年まで、20年以上にわたって金融制度調査委員会の委員を務めていました。

規制緩和が声高に叫ばれる中で、小原会長は米国主導の自由化に対し、慎重に漸進的に行うべきだという立場で論陣を張りました。

「急速な自由化で利ざやが縮小し、破綻する金融機関が出て信用秩序の混乱を招く恐れがある」

若かった私はそれを高齢からくる消極的な姿勢だと感じ、小原会長の方針に内心疑問を抱いていましたが、その後、日本の金融業界が歩んだ道を振り返れば、小原会長の主張に先見の明があったことは明らかであり、改めて小原会長のすごさと自分の未熟さを思い知りました。

また、小原会長は国際化や機械化には積極的で、外為取引、ファームバンキングやテレホンバンキングをいち早く導入しました。

一方の私は、企画部に異動になる直前の82年12月、3年遅れて入職した7歳年下の女性と結婚し、84年2月に長女、85年11月に長男に恵まれました。

ただ公益事業に尽くせ

城南信用金庫の企画部に配属された私は、新商品の開発にも取り組みました。金融機関の目的は利益を上げることだと思い込んでいた私が、消費者向けのローン商品を提案したところ、企画書に目を通した小原鐵五郎《てつごろう》会長の表情がみるみる険しくなり、「冗談じゃない！」と大喝一声。

「私たちはいつから銀行に成り下がったのですか。銀行は利益を目的とする企業ですが、私たちは町の一角で生まれた、世のため、人のために尽くす社会貢献企業です」

その迫力に圧倒された私は、信用金庫について何も知らなかったことを恥じ、信用金庫について詳しく調べ始めました。

銀行も信用金庫も同じ金融機関で、規模が小さいものが信用金庫だと思われがちですが、銀行は株式会社組織の営利法人、信用金庫は会員の出資による協同組合組織の非営利法人で、根本的に異なります。

信用金庫のルーツは産業革命による急速な近代化が進んだ19世紀の英国、マンチェスター郊外のロッチデールという町の労働者たちが共同出資で設立した生活協同組合にあります。彼らが参考にしたのは、英国の先進的な経営者で、労働者の地位向上に尽くした社会改革家ロバート・オーウェンの思想でした。

この相互扶助の思想をドイツで学んだのが、後に明治政府の要人として活躍する品川弥二郎と平田東助でした。彼らは篤農家の二宮尊徳の報徳社運動などを参考にしながら、1900（明治33）年、信用（金融サービス）、販売、購買、利用という四つの事業を対象とした産業組合法の制定にこぎつけました。現在の農協、生協、信用金庫、信用組合は、いずれも戦前の産業組合に始まる組織です。

そして1902（明治35）年、加納久宜《ひさよし》子爵が現在の東京都大田区大森に入新井信用組合（城南信用金庫のルーツ）を

企画部のスタッフらとお正月に記念撮影。
右から２人目が筆者＝1984年ごろ

設立しました。

筑後（福岡県）三池藩の立花家に生まれた久宜公は、実兄である藩主の立花種恭《たねゆき》（幕府老中格・学習院初代院長）に育てられてフランス語などを学び、上総（千葉県）一宮藩・加納家の養子となり、最後の藩主として明治維新を迎え、貴族院議員や鹿児島県知事などの重職を歴任しました。さらにその後、東京の入新井村で公立小学校の教育事務を担当する学務委員となりました。

ところが当時の入新井村は貧富の差が大きく、教育を受ける余裕のない子どもがあふれていました。貧富の差が生じるのは教育の差にあると考えた久宜公は、地域経済を活性化させて現金収入を増やすとともに、子どもたちの教育資金を集めるため、後に町長となる岩井和三郎に手伝わせ、自宅を事務所にして信用組合を設立しました。

その運営方針「一にも公益事業、二にも公益事業、ただ公益事業に尽くせ」は今も受け継がれています。

久宜公は05（明治38）年に全国産業組合大会の開催を呼びかけ、産業組合中央会を設立して産業組合の啓発、普及、発展に尽力し、晩年は一宮町長を務めました。

そのご先祖は8代将軍徳川吉宗の側近として享保の改革で活躍し、民衆の幸せに尽くした加納久通《ひさみち》公。将軍家とも親戚の名家です。城南信用金庫の経営理念のルーツは300年前の徳川吉宗公の「世のため人のために尽くす」という教えにあるのです。

そんなこともあり、私は吉宗をモデルとする「暴れん坊将軍」を演じた松平健さんの大ファンです。

銀行に成り下がるな

今日の信用金庫の生みの親ともいうべき加納久宜《ひさよし》公は、いかにも時代劇に出てきそうな幕末のお殿様ですが、実は心温かくユーモアがある方で、麻生太郎元首相の曽祖父にあたります。久宜公の娘が麻生氏の祖母で、橋本龍太郎元首相の奥さまも久宜公の子孫です。

私が生まれた東京近郊の庶民には「薩長の天子様より徳川の公方様」という江戸っ子意識が強かったらしく、久宜公に親しみを覚えるのは信金つながりだけでなく、そんな育ちが影響しているのかもしれません。

当時は薩長藩閥が財閥と結んで利権政治を行い、貧富の格差が拡大して庶民が苦しんでいたため、産業組合法でできた組合は全国で1300を超え、農学者の新渡戸稲造、詩人の宮沢賢治らも、全ての人を幸せにする社会の実現という高い理想を掲げた産業組合運動に熱心に取り組みました。

大正中期の東京府内では、同業者だけでなく地域の中小工業者なども対象とする「市街地信用組合」の設立が奨励されました。この時、設立を担った町長の多くは私財を投じ、地方自治の柱として、また公益事業の一環として町役場の一角に事務所を置きました。

そして第2次大戦末期の1945（昭和20）年8月10日、空襲による壊滅的な被害から預金者を守るため、東京府荏原郡、つまり現在の品川区、目黒区、大田区、世田谷区にあった15の市街地信用組合が合併し、城南信用組合が誕生したのです。

城南信金で3代目理事長と会長を務め、金融業界の「大久保彦左衛門」と呼ばれた信用金庫のドン・小原鐵五郎氏

その中には、久宜公が設立した東京最古の入新井信用組合や、私の母方の祖父、西山祐造が組合長を務めていた蒲田信用組合も含まれていました。
戦後、連合国軍最高司令官総

司令部（ＧＨＱ）は信用組合の監督官庁を国から都道府県に移し、設立手続きも簡素化しましたが、これまで公益に尽くしてきたという自負を持つ市街地信用組合は猛反発。新設の組合と一線を画すため、信用金庫法を成立させました。

また、無尽会社が相互銀行、信託会社が信託銀行に改めたため、大蔵省（当時）は「協同組織の金融機関が商業銀行業務を行うのはおかしい」と主張するＧＨＱ民政局の意向を受けて「信用銀行」という株式会社組織に改める案を示しましたが、信用組合業界はかたくなに拒否しました。

「私たちは地域の発展と繁栄を使命とする協同組織の金融機関であり、金もうけ主義の銀行には成り下がりたくない」

ここで大蔵省の銀行局長だった舟山正吉氏から粋な提案がなされました。

「オリンピックのメダルは金・銀・銅。そのうち銀は既に銀行が使っているから『信用金庫』はどうでしょうか。〝金庫〟は政府機関しか使っていない名称ですが、皆さんの門出を祝って特別に認めましょう。金は銀よりも上です」

こうして今日の信用金庫が誕生しました。

このことを知った私は、呼称一つにも信金の礎を築いた先人たちの強烈なプライドと使命感が込められていることに強い感銘を受けました。

信用金庫への理解が深まるにつれ、小原鐵五郎《てつごろう》会長の「銀行に成り下がるな」という一喝がいかに重いかが身に染みました。それからは常に先人たちの歩みに思いをはせながら、日々の仕事に取り組むようになりました。

ちなみに当時のGHQ民政局の担当官たちは知らなかったようですが、英国では1834年まで株式会社組織の銀行は認められていませんでした。本来の銀行はパートナーシップ、つまり一種の協同組合組織であり、利益を目的とする株式会社組織では正しい銀行業務はできないと言われていたのです。

史上初めて、1834年に株式会社による銀行を英国で設立したJ・W・ギルバートは銀行学者でもあり、日本でも明治時代に読まれた著書『銀行論』において、利益や配当を目的とせず、業績に目を奪われるなど、およそ上場株式会社では無理なことを説いています。つまり、銀行は元々は株式会社ではなく、信用金庫のような協同組織が本来の正当な銀行であったのです。グローバル経済が進展する中で、今こそこうした正しい認識の下に、金融システムのあり方を考えることが必要であると私は思っています。

貸すも親切、貸さぬも親切

城南信用金庫の３代目理事長と会長を務めた小原鐵五郎《てつごろう》は大崎村（現東京都品川区）の農家の生まれ。「百姓のせがれに学問をさせると身上をつぶす」と言われた時代で、上級学校には行けませんでした。

その後、大崎町長で大崎信用組合を設立した立石知満氏に見込まれて大崎信用組合に入り、産業組合中央会（農協、生協、信金の中央機関）で講習を受け、信用組合の何たるかをゼロから学びました。

そして大崎信用組合の専務理事として、終戦直前の15組合の大合併、１９５０（昭和25）年の全国信用協同組合連合会（現信金中央金庫）の設立、さらに51（昭和26）年の信用金庫法の成立などの難局で主導的役割を果たしました。

中でも大蔵省（当時）直轄の協同組織金融機関制度を新たに創設する信用金庫法は、自

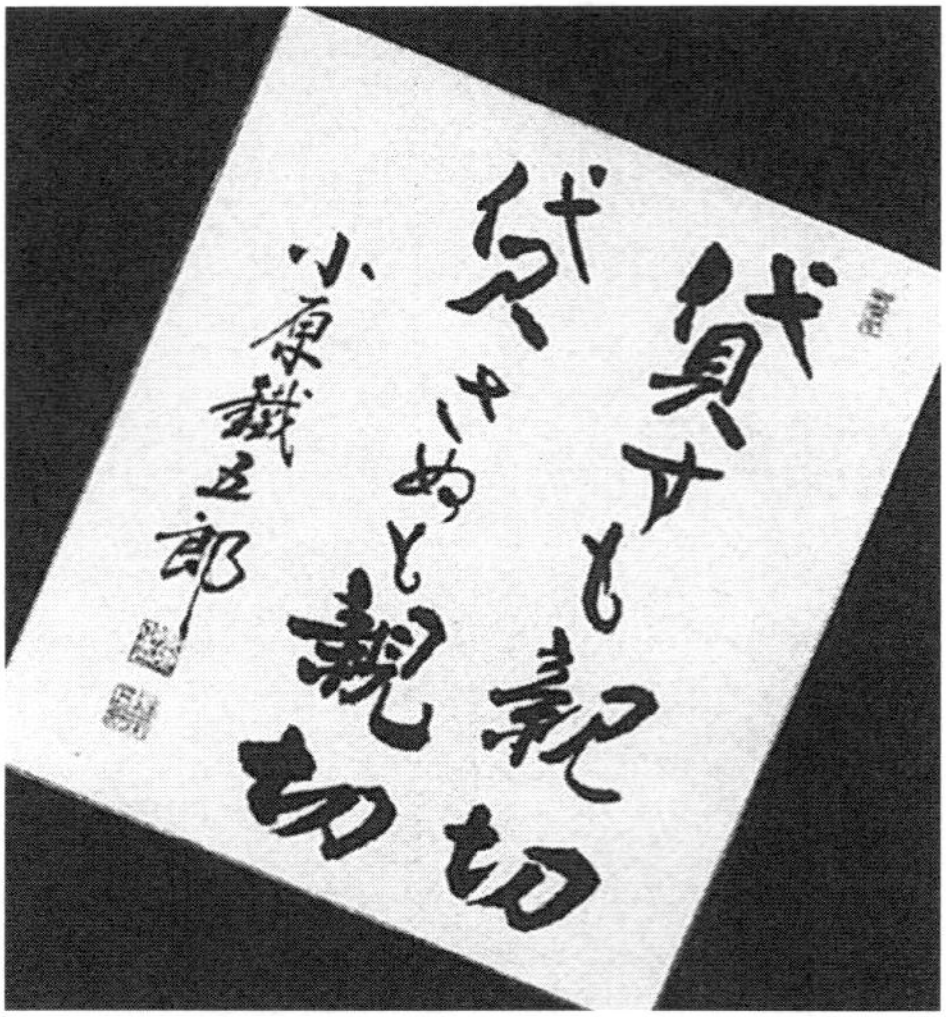

「貸すも親切、貸さぬも親切」と書かれた小原鐵五郎氏の色紙

由、民主、社会の3党共同提案で国会に提出されており、相当な政治力が働いたものと想像されます。

ところが68（昭和43）年、大蔵省の諮問機関である金融制度調査会から、信用金庫を株式会社に改編して大銀行に合併させるなどの試案が出されました。信用金庫存続の危機に直面した小原は、信用金庫設立の経緯や理念を無視した試案に憤り、「国会にムシロ旗を立ててでも反対する」と真っ向から反対する論陣を張りました。

「富士山が美しいのは広大な裾野があってこそ。日本経済における富士山のような大企業を支えるのも、中小企業という広大な裾野があってこそ。その中小企業を支える信用金庫の役割は大きく使命は重い」

この「裾野金融論」で大蔵官僚を論破した小原の主張を、澄田智銀行局長（後に日銀総裁）は鐵五郎の名前を採って「小原鐵学」と呼んで絶賛し、信用金庫の存続が決定しました。同時期に審議された「金融二法」も小原の反論で、信用金庫にとって不利な部分が改められています。

こうして信用金庫を守り抜いた小原は、全国の信用金庫関係者から絶大な信頼を得ましたが、最も有名なのは「貸すも親切、貸さぬも親切」という金言です。もともとは30（昭

城南信金の社内報用に撮影された筆者のポートレート＝1980年代前半

和5）年、産業組合中央会主催の弁論大会で述べた小原の持論を要約したものです。

「信用組合の貸付金は、金を借りる組合員の家へその金が行って、その組合員のために働いてくれるように、と言って金を貸す」

「組合員のためになる金は貸すが、ためにならない金は貸してはならない」

銀行や貸金業者は利益ばかりを考えて金を貸すが、信用金庫はお客さまの立場で事業や生活を心配し、知恵を貸し、汗を流して発展繁栄に尽力する。その上で必要なら融資するが、お客さまのためにならない資金はお貸ししないことが親切である――。小原はその当時、30歳の若さでここまで考えていたのです。

この金言は城南信用金庫の〝ＤＮＡ〟として脈々と受け継がれ、私も入庫直後からたたてからだったと思います。とはいえ、その真の意味を理解できたのは、信用金庫について学び直してからだったと思います。

金融自由化で新商品を開発

私が消費者向けローン商品を提案し、小原鐵五郎《てつごろう》会長にこっぴどく叱られたのは、先に書いた通りです。新商品の開発に改めて取り組み、1983（昭和58）年から金融機関で窓口販売が始まった国債に目を付けました。

当時は第2次オイルショック後の低成長期で、税収不足の政府は大量発行した国債の消化に苦慮していました。それを渡辺美智雄大蔵大臣（当時）から相談された小原会長が、戦時国債を金融機関の窓口で販売した例を挙げ、窓口販売が実現したのです。

とはいえ、ただ国債を売るだけでは面白みがありません。国債の方が利回りが高いことに着目し、期日指定定期預金と国債を組み合わせ、高利回りを実現する商品を考案したものの、なかなか大蔵省の許可が下りません。ところが、三菱銀行からほとんど同じような商品が発売されることが日本経済新聞の1面トップで大々的に報じられました。

そこで積み立て機能をプラスし、積立金が一定額までたまったら、国債と定期を7対3

で買い入れる「城南貯蓄国債口座（トップ）」を、得意のパソコンを駆使して開発し、同じ日本経済新聞の1面に掲載されるよう手配しました。

まとまった額で国債を購入することで、三菱銀行の商品より高い利回りを提示できるのが強みです。すぐに大蔵省から呼び出されましたが、私たちは同省の銀行局が大手都市銀行を優先させたとも受け取れる対応を不平等だと主張。「トップ」の販売は認められ、喜んだ小原会長から、ボールペンを1本頂きました。

前に書いたように、小原会長は金融の急激な自由化には慎重でしたが、国際化や機械化には前向きで、慶応大学卒のインテリで国際派である斎藤武久理事を外国部長に抜擢して、86（昭和61）年にコルレス（外為取引）を開始し、その後、改組した国際部では外債の購入や外貨運用を推進しました。

VAN（付加価値通信網）の自由化時には加藤安久常務理事が着想した信金間のコンピューターネットワーク「信金VAN」構想をまとめるよう指示され、そこから「しんきん情報システムセンター」（SSC）が創設されて信金業界でもファームバンキングやホームバンキングが可能となりました。

そして自由化に対応する新商品として開発したのが「城南スイスフラン通知預金」。外為法の改正で円転換規制が撤廃されたことを生かし、スイスフランの外貨預金に為替予約を付けた自由金利商品です。円金利に規制があり金利も低い分、先物為替で予約益を得る仕組みで、規制金利の円預金よりはるかに高利回りで、しかも為替差益は雑所得扱いとなり、利息のように課税されません。

商品案から広告案、社内説明用ビデオ、チラシのデザインまで一人で考えていると、それに気づいた加藤安久常務理事が、新たな処理システムを構築してくれました。加藤さんは城南信金内でいち早くプログラミングを学び、城南のシステム化を主導したコンピューターのエキスパートです。

86（昭和61）年11月4日にこの新たな通知預金を発売すると、1カ月間で500億円を超える大ヒット商品になりました。

企画部員として城南信用金庫創立40周年を裏方として支えた筆者
＝1985年10月　東京・歌舞伎座

金融界の先達に感銘を受ける

城南信用金庫の企画部では、対外・対内的に情報を発信する「広報」の企画、取材、制作も担当し､外部のいろいろな方と知り合う機会に恵まれました。企画部の業務には､トップマネジメントとしての接待も含まれるからです。場所は赤坂の料亭などで、小原鐵五郎《てつごろう》会長の時代には、池田勇人、福田赳夫、竹下登といった歴代総理らと、その後も橋本龍太郎、小渕恵三総理とも懇意にし、大蔵省の高級官僚らも同席していました。

例えば「くいしん坊！万才」の初代リポーターとして知られる俳優の渡辺文雄さんの奥さまが女将だった赤坂の名料亭「口悦」。名付け親は映画監督の小津安二郎で「歴代の首相で訪れたことがない人はいない」といわれる名店です。城南信用金庫にとっては分不相応でしたが、私も大手銀行や大蔵省との窓口として、何度か末席に加えてもらいました。その後も政財界御用達として知られていましたが、2017（平成29）年の春、惜しまれつつ閉店したそうです。

1985（昭和60）年9月、当時の竹下登蔵相、澄田智日銀総裁らとの会食では、「明日は米国政府と秘密交渉をするために、ゴルフ姿でこっそりニューヨークに行く」という話も出たそうですが、それが為替レート安定化に関する合意（プラザ合意）の前夜のこと。

ずいぶん大らかな時代という気がしますが、それから約1カ月後の10月20日には、歌舞伎座で城南信用金庫創立40周年の式典が催され、竹下蔵相、澄田総裁から祝辞を頂きました。

あまたの大先輩の中で忘れられないのが第一勧業銀行（現みずほ銀行）で頭取、会長を歴任された宮崎邦次さんです。信用金庫業界は産業組合の昔から財閥系銀行と対立していたため、渋沢栄一が設立した第一銀行や勧業銀行と親密にしてきました。

宮崎さんは宴会が始まるとすぐ末席の若い私のところに来て「吉原さん、うちの者がいつもお世話になり、ありがとうございます」とお言葉を下さり、世界一の大銀行のトップでありながら、なんと謙虚で丁寧な方だろうと驚き、感動しました。

第一勧銀と城南の支店長の交流パーティーでも、第一勧銀の支店長が頭取に向かい、「宮崎さん、こちらは城南の○○さんです」と気軽に声を掛けており、周年誌の集合写真でも宮崎会長や頭取が端にいて、真ん中には若い取締役が写っていました。

宮崎さんは権威や地位、肩書ではなく、人は平等であるという信念と理想で行内に強い信頼関係を構築しようとしている。私はその高潔で気概あふれる経営姿勢に衝撃を覚え、第一勧銀で働く皆さんは幸せだと思いました。

後年、ある業界紙の記者が川崎信用金庫の精神的支柱でもある柳川三五さんのことを話してくれました。名経営者として職員に慕われ、多くのお客さまに引き留められても、毅《き》然《ぜん》として勇退されたそうです。

「お客さまが次の人にすぐ慣れ、問題も起きずによかった。内心では少し寂しかったが安心した」

私心なく公のために尽くし、地位に恋々とせず、お客さまと組織のためを考えて自らの進退を決める。その姿勢に強い感動を覚え、自分もそういう生き方をしたいと思いました。

謎の残ったトップ交代

城南信用金庫の小原鐵五郎《てつごろう》会長は1987（昭和62）年、勲一等瑞宝章の叙勲を受けました。69（昭和44）年に勲三等、77（昭和

小原鐵五郎会長の勲一等瑞宝章受章パーティーで事務局を務めた筆者＝1987年6月、東京のホテルオークラ

52）年に勲二等を受章しており、これ以上の叙勲はないという慣例を破ったもので、東京のホテルオークラで盛大なパーティーが開かれました。

小原会長も「この叙勲は私ではなく信用金庫業界を表彰するものであり、大変な名誉である」と感謝の言葉を述べられました。

翌年の暮れ、社内報のインタビューを終えた後、応接室でうな重を食べ、私もお相伴にあずかっていました。

「あなたのおばあさんは綱島の出身でしょう」「蒲田の西山さん（祖父）にはお世話になった」と親しく声を掛けてくれましたが、いつもの健啖《けんたん》家ぶりが見られず、半分ほど食べただけでふたをしてしまいました。

「風邪をひいた」とおっしゃっていましたが、業界の新年会であいさつした直後に入院され、元号が平成と改まって間もない89年1月27日、89歳で帰らぬ人となってしまいました。くしくも30年前、小原会長が「蒲田の西山さん」と記憶してくれていた私の祖父が、金欲しさの強盗に襲われたのと同じ日でした。

その日、城南信用金庫の職員らは3年ぶりに実施された金融機関検査の最中で、検査官と面接中だった私にもメモが回ってきました。まさに「巨星墜《お》つ」という感じで、これからいったいどうなるのだろうと震えがきました。

小原会長の葬儀の日、私は猛吹雪の東京・青山斎場で案内係をしていました。第一勧業銀行の宮崎邦次頭取（当時）をＶＩＰ控室に案内しようとすると、「遠くから来られた全国の信用金庫関係者の皆さんは、この雪で大変な思いをされているでしょう。私たちはここで待っております」と固辞され、軒先から動きません。

深い洞察力とひたすら謙虚な姿勢に接した私は、こんなトップがいるのかと涙が出そうな気持ちでした。宮崎さんは後に先輩が総会屋と親密だったことの責任を取り、銀行を守るために自決しましたが、佐賀県人らしく、「葉隠」の説く武士道を体現された素晴らしい方だと思います。

その後、小原会長の後任を決める理事会が開かれ、橋本造酒蔵理事長が城南信用金庫の会長に祭り上げられ、真壁實専務理事が事実上のトップとして理事長に就任しました。

真壁さんは小原会長の側近で、子どものいなかった会長の入院を取り仕切り、入院中は自分が取り次ぎとなって、他の役員の面会をシャットアウトしました。そして理事会では「小原会長は以前から自分を後継者に指名していた」と声高に主張しました。当時はそれに異議を唱える者は誰一人いませんでした。

最近になって分かったことですが、小原会長は鈴木康之専務理事を後継に指名し、真壁さんには全私財を投じて設立した財団法人小原白梅育英基金の理事長を任せるつもりでいたようです。それを知っていた真壁さんは、入院中の小原会長を誰とも面会させず、なりふり構わず権力を奪いにいったのです。

ともあれ、小原会長が後任を明確に指名せずに謎を残し、それが後年の経営の私物化を招いたことは、私にとって大きな教訓となりました。

このままではトップになれないと知った野心家が先手を打つ、まるで時代劇の策謀のようなトップ誕生の一幕から、城南信用金庫の「平成」は始まったのです。

バブルに踊らぬ城南

私が初めて海外に行ったのは、早稲田大学ビジネススクールを卒業後の１９８３（昭和58）年で、約20日間、ヨーロッパに行かせてもらいました。その後は91（平成３）年に金融専門紙『ニッキン』の企画で、信用金庫の役員らに同行してアメリカに行く機会を得ました。行く先々で担当者を質問責めにして嫌がられたものです。

この間、日本ではバブル景気が４年余り続き、大手銀行は株式や土地、ゴルフ会員権、変額保険などの投機商品を取引先に薦め、そのための資金を積極的に融資していました。やがてバブルははじけ、日本経済がデフレに陥ると、取引先は多額の損失を被り、リスクの高い商品を薦めた大手銀行は、激しい社会的批判にさらされました。

しかし、小原鐵五郎《てつごろう》会長の「貸すも親切、貸さぬも親切」に徹した城南信用金庫は、バブル期はもちろんのこと、バブル崩壊後の金融危機の中でも健全な経営を貫き、取引先にも損害を与えずに済んだのです。

私はバブル崩壊の前後、当時はまだ誰も考えつかなかった新しい収益管理会計手法であり、後のスプレッドバンキング、あるいは行内移転価格（トランスファープライシング）の必要性を感じ、それを城南信用金庫に導入するべく独自のシステムを構築し、着々

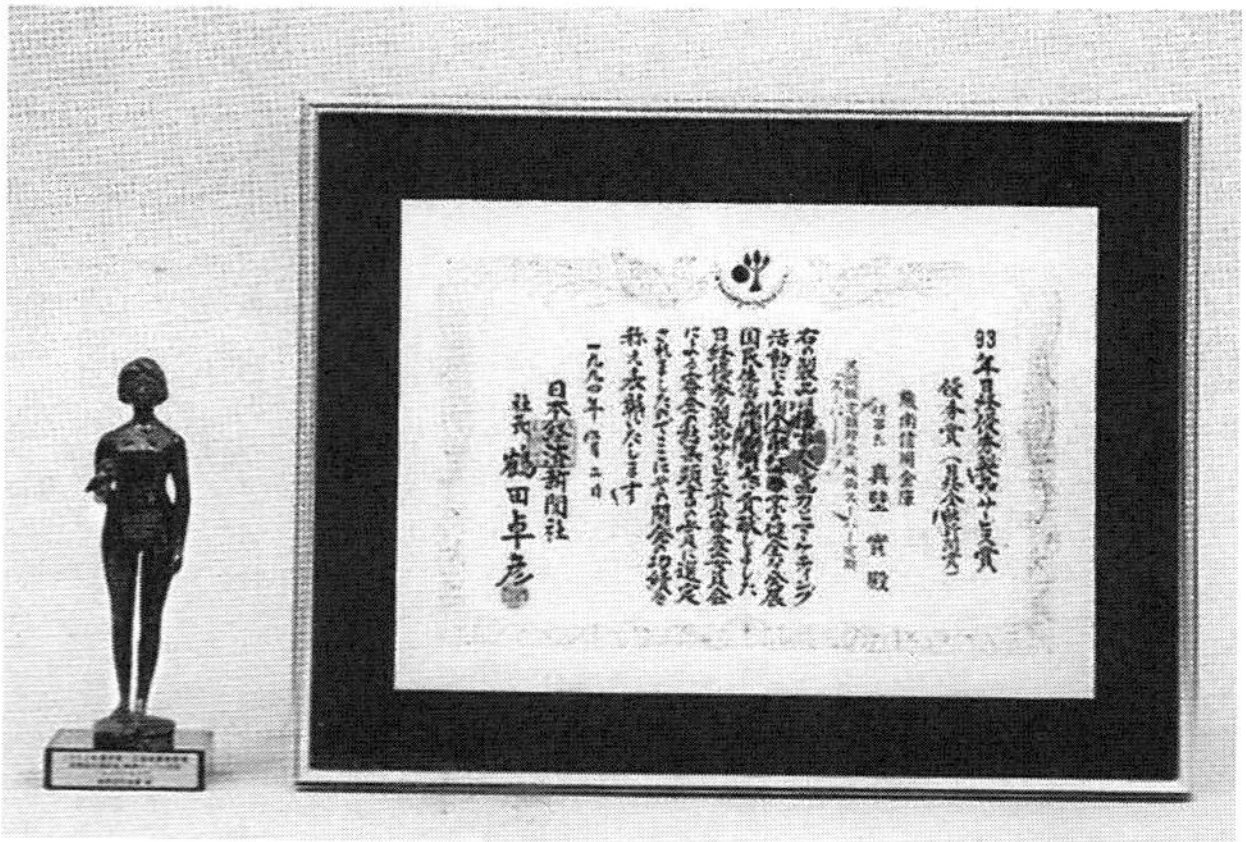
1993年発売の「城南スーパートップ」、94年発売の「スーパードリーム」は日経新聞の優秀製品・サービス賞を受賞した

と準備を進めていました。

それまで金融機関の貸出金利は、公定歩合に連動したプライムレートを基準に決められていましたが、金利自由化が進むにつれ、資金調達コストに一定の利ざや（スプレッド）を乗せて貸し出す方式への転換が必要だと思っていたからです。

ところが肝心の企画提案の当日、私はアメリカにいて不在だったため、肝心のプレゼンテーションが人任せとなり、役員会で見送られたことをニューヨークで知りました。

悔しさもあり、視察先の銀行で聞いてみると、アメリカの銀行では私の考えた手法と全く同じものが既に導入されていました。これは一刻も早く何とかしなければ、と一計を案じました。

それは前述の『ニッキン』に「全く新しい収益管理手法」という記事を送る一方、同じく業界誌の『近代セールス』に城南信金への取材を申し入れ、経営陣に「こんな取材依頼があります」と伝え、導入に向けた流れをつくり出すこと。

「先日の役員会で出た、あの話らしいですよ」

そんな自作自演の綱渡りをしながら、何とか実現にこぎ着けました。

サラリーマンなら苦労して練り上げた企画が、自分の意に反して通らなかった経験はたくさんあるはず。嘆いている暇があるなら、直接の上司、間接の上司、外部マスコミ、業界の権威者、使えるものは何でも使い、通す努力をすべきだと痛感した経験です。これは同時に、上司に理解がないと悲憤慷慨《こうがい》する前に、本気でやれば下からでも組織は動かせるという経験にもなりました。

91（平成3）年には、プライムレートは金融機関が決めるべきだという立場から、国内金融機関で初めて城南信金独自の短期・長期プライムレートを導入し、翌92（平成4）年にはやはり国内金融機関で初めて不良債権のディスクロージャー（内容開示）を実施しました。これは大手都市銀行に1年先行するものです。

懸賞付き預金が大人気商品に

真壁實《みのる》理事長は1989（平成元）年2月の就任後すぐ、金融自由化に積極的に対応する方針を打ち出し、私は懸賞金付き定期預金の開発を命じられました。年末ジャンボ宝くじの1等賞金が6000万円、前後賞と合わせて初めて1億円の大台に乗った年です。

戦後、大蔵省（当時）の指導により、定期預金をすると100万円が当たるという懸賞金付き定期預金が販売されたことがありますが、当時から「全金融機関の横並び」が大蔵省の大原則。試行錯誤の末に生み出した商品は、時期尚早として認められませんでした。

その壁を打ち破るべく、93（平成５）年に全国各地の物産品を贈る「城南夢付き定期積金」を発売しました。官民で定めた景品の自主ルールに反するとして金融業界の反発を受けましたが、自主ルールには法的根拠がないことから私たちの主張が認められて、テレビなどでも話題になる人気商品になりました。

さらに郵便局の定額貯金と同じ複利商品である「城南スーパートップ」も同年に発売し、日経優秀製品賞を受賞しました。そして94（平成６）年10月の金利の完全自由化に向け、懸賞金付き定期預金「スーパードリーム」の準備に取りかかったのです。

半年ごとに区切られて設定される募集期間内に、城南スーパー定期１年ものを10万円以

城南信金の懸賞金付き定期預金「スーパードリーム」の抽選会＝1995年

上預金されたお客さまを対象に、10万円につき1本の抽選券（番号）を付ける。そして抽選で懸賞金が当たり、外れ番号を対象とした「残念賞」の抽選も行うというものです。

当時の慣行に従い、大蔵省へ届け出て銀行局で内諾をもらうために同省を訪れると、「法務省から刑法の〝富くじ罪〟に違反する恐れがあると指摘された」と言われました。

そこで刑法学の大家の方々から懸賞金が50万円程度までは問題がないという見解を引き出し、公正取引委員会（公取委）の了承も得ました。それでも認可しない大蔵省と折衝を繰り返し、懸賞金を5万円に抑えたのです。

そうこうしているうちに94（平成6）年10月1日、行政手続法が施行され、当局が届け出を拒否できなくなるという好機が到来しました。これは第2次臨時行政調査会最大の成果だと言われています。

その翌月、大蔵省の若い職員が「これは受け取れない」と繰り返すのも構わずに関係書類を置いて、「1週間後に発売します」と宣言しました。

大蔵省はなおも「業界の自主ルール」を盾に撤回を迫りましたが、新聞やテレビが一斉に報道したこともあり、11月7日、城南信金の各支店にスーパードリームを求めるお客さまの長蛇の列ができました。

初日だけで100億円もの預金が集まり、直近の預入金額は2兆円に達しています。大蔵省は発売後も取り扱い中止を求め、東京地検にも呼び出されましたが、お客さまの絶大な支持が追い風となり、撤回の声は吹き飛びました。

スーパードリームは当時の日本銀行の三重野康総裁、公取委の小粥正巳委員長、政府税制調査会の加藤寛会長といった有識者からも高く評価され、「金融機関の競争を促す商品」として認知されました。

パソコン通信で金融を論じる

ここで話を昭和に戻します。1987（昭和62）年10月19日のブラックマンデーで、日経平均株価は過去最大の暴落（当時）を記録しましたが、その後は89（平成元）年

早稲田大学ビジネススクールの卒業旅行で英国に行き、現地に駐在していた麻布学園時代の同級生・前川喜平さん（右）を訪ねた筆者＝1983年

12月の史上最高値に向かって上昇し続けました。

当時の私は城南信用金庫の企画部で、経営幹部のあいさつ文や資料作成、商品開発などに忙殺され、仕事に疲れた深夜、始まったばかりのパソコン通信の「ニフティサーブ」の会議室で、見ず知らずの誰かと意見を交わすことがささやかな息抜きになっていました。

ちょうどその頃、ニフティサーブ内に金融フォーラムを立ち上げようという動きが起きました。本来はスポンサー企業が必要でしたが、有志がプライベートで立ち上げることを特別に認めてもらい、名古屋で「ＦＫＩＮＹＵ《エフキンユウ》」の設立発起人会を行いました。集まったのは大手都市銀行、地方銀行、信用金庫、外国銀行、証券会社などで働く若手十数人です。

それからはネット上で熱のこもった議論の繰り返し。議長の私は全国のメンバーと意見を交わし、議論の相手をし、時にはオフ会（オフラインミーティング）で仕事の替え歌のカラオケを歌ったりしました。

そこに新たに登場したのが、最先端理論のＡＬＭ（資産負債総合管理）や時価会計を高度な数学を駆使して語る「ＱＵＡＲＫ（クオーク）」というペンネームの論客。私も同じ分野を研究し、大蔵省（当時）の金融リスク専門委員会で独自のＡＬＭ理論について発表もしていたので、彼の優秀さがよく分かりました。

ただ、郵便貯金の民業圧迫を批判し、分割民営化すべしと主張する私に対し、彼は郵便局の定額貯金と財政投融資を擁護する立場でした。毎夜、数千文字の〝論文〟を書き合い、互いに譲らない激論は1年以上続きました。

3000人以上の「FKINYU」会員がそれを楽しみにしていて、面識のない金融マンから「『よっしー』さん、読んでいますよ」と私のペンネームで声を掛けられることもありました。

大蔵省の「不良債権に対する引当金を3年分積む」という指導について、彼は時価会計理論からは3年ではなく無限まで予想される「予想損失額の現在価値」を引当金として計上すべきだと言うので、私は時価会計理論を持ち出すなら、無限まで予想される「将来の予想キャッシュフローの現在価値」を資産に計上すべきだと反論しました。

後年、「QUARK」の正体は経済学者の高橋洋一さんだったと分かりました。ニフティでの論戦当時は大蔵省理財局に在籍し、後に竹中平蔵さんとともに小泉改革を支え、その後も私の恩師の加藤寛先生が学長を務めていた嘉悦大学の教授になるなどのご縁があります。

その頃、20代からALMに興味を持っていた私はようやく上司の了解を得てデータベースのプログラミング言語を独習し、独自のALMシステムを構築していましたが、高橋さ

城南信金の創立50周年式典に出席した要人ら。前列左から澄田智元日銀総裁、竹下登元首相、小渕恵三元内閣官房長官（後に首相）。後列左から宮崎邦次第一勧銀会長、鶴田卓彦日本経済新聞社社長＝1995年

んも大蔵省で同じ問題意識を持って研究していたそうです。彼が提言した国家財政の「埋蔵金理論」は、私がかつての議論で主張した「将来の予想キャッシュフローの現在価値」（ディスカウントキャッシュフロー）がヒントになったのではないかな、とひそかに思っています。

信金を揺るがす「恐怖政治」

いわゆるバブル経済の始まりは、1986（昭和61）年12月とされています。金融業界も自由化、機械化、国際化に対応すべくオンラインの導入を進め、全国信用金庫連合会（当時）は87（昭和62）年10月、ニューヨークに念願の支店を開設しました。

城南信用金庫の企画部はマスコミの取材窓口でもありましたが、記者の中には「金融自由化で苦しくなるのは中小銀行。地方銀行や信用金庫はもっと厳しい」という思い込みが強い人が多く、よく調べもせずに事実と違う記事を書くことが何度もありました。

金融機関の健全性は規模の大小ではなく、経営姿勢によって変わります。それなのに「大きいものは大丈夫、小さいものは危ない」という通念にとらわれ、その結論ありきの記事を書こうとする。それでは間違ったことしか書けません。

それなのに、私が熟慮の末に通説と違う独自な見方をトップ向けの資料に書いたところ、上司が既成通念から抜け出せない新聞記事を持ち出し、「新聞にこう書いてある。これは間違いだ」と叱られ、悔しい思いをしたことが何度もあります。

私はバブル崩壊前、日銀統計月報の数字を記者たちに示しながら、「つぶれるのは3長銀と信託銀行。もしかすると都市銀行も危ないが、地方銀行と信用金庫はまず大丈夫」と解説しました。

3長銀とは、日本長期信用銀行、日本興業銀行、日本債券信用銀行で、結果はその通りになりました。日銀の統計月報からは、値上がり益を狙った不動産融資が急拡大している金融機関の動向が明確に読み取れたのです。

バブル期には城南信金の融資金額も伸びましたが、不良債権の発生防止に努め、株式や土地、ゴルフ会員権の購入など、値上がり目的の投機的な融資は一切行わず、バブル崩壊後も健全経営を保つことができました。しかし、バブル崩壊より痛手だったのは、日経平均が史上最高値をつけた1カ月後に小原鐵五郎《てつごろう》会長が亡くなられたことです。

後継理事長となった真壁實《みのる》さんは当時の金融自由化の波に乗り、「規制金利や横並びの時代ではない」「自己責任でやるべきだ」という論理で独自の自由化路線を歩み始めました。その一方、信金内では信賞必罰という大義名分のもと、ささいなことで左遷されたり、責任を問われたりすることが増え、身のすくむような怒声が響き、粛清人事がたびたび行われましたが、その目的は人事権を振りかざして人を脅かし、自分の権力を維持しようというものでした。

言葉は悪いですが、私はこの状態を内心で「恐怖政治」と呼び、そのうち考えを改めてくれるだろうか、後継者に正しい人を選んでくれるだろうか、自分はどうすればいいだろうかと自問自答を続けました。

辞表を常に持ち歩き、城南のためになることにはできるだけ協力するが、おかしいと思ったことはトップに直言し、何としても是正するというスタンスで働き続けました。とはいえ、まさかそんな状態が22年も続くとは思いもよりませんでした。

保守主義を学んで議論

金融自由化が盛んに叫ばれていた頃、当時流行していた新自由主義の影響を受けていた私は、規制緩和や市場原理の貫徹が推進されるのは正しいことだと思っていました。

城南信用金庫では1989（平成元）年に就任した真壁實《みのる》理事長の新自由主義路線にのっとり、企画部で用意するあいさつ文や顧客向けセミナーでの発言資料にも、既得権廃止や改革という言葉を意識して使いました。

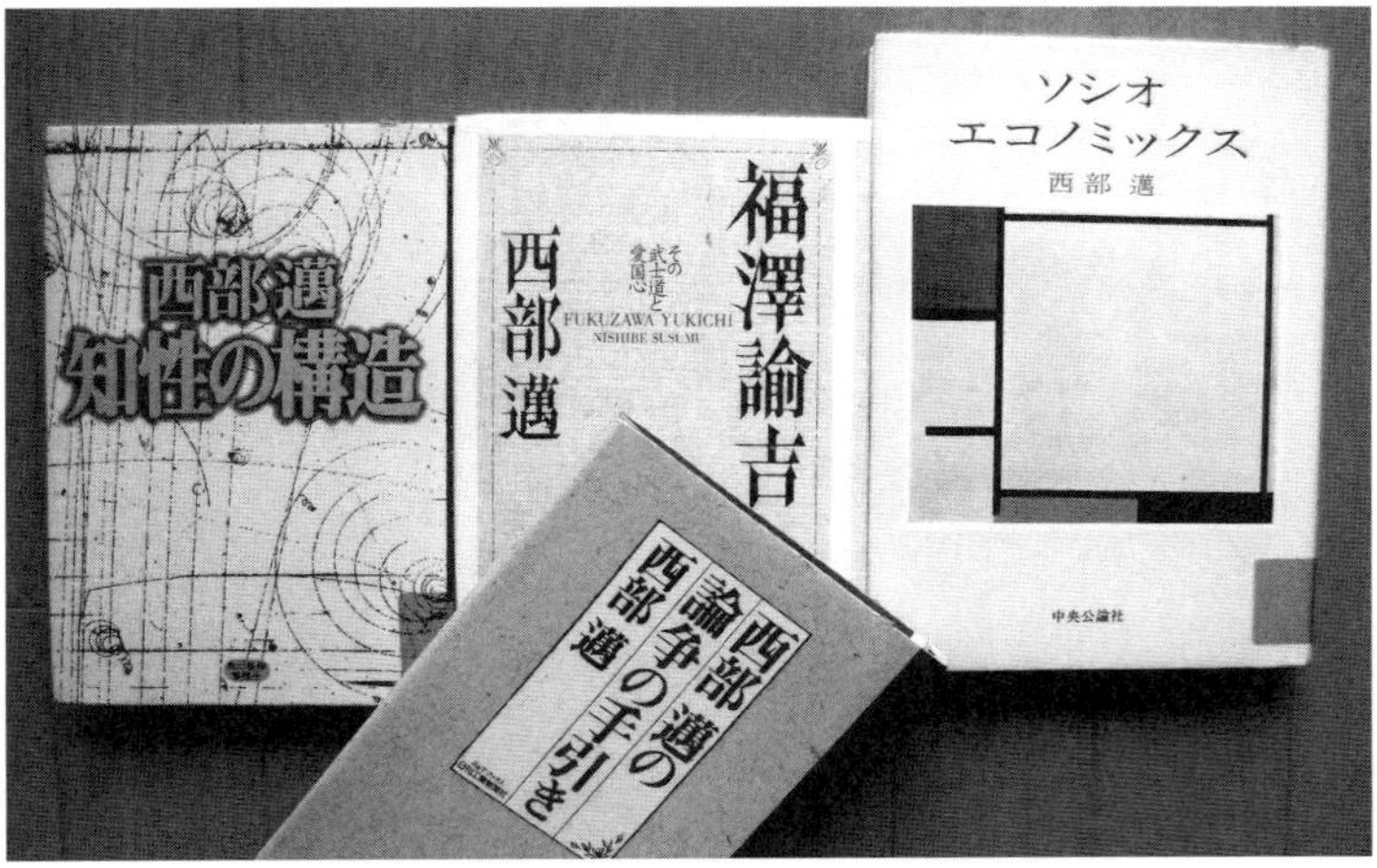

筆者が大学時代に読んで衝撃を受けたという「ソシオ・エコノミックス」をはじめとする西部邁さんの著書

トップの威厳を増すために、あるとき中国古典や仏典などから名文句を引用してあいさつ文を作ったところ、たいへん喜ばれたため、企画部全員で論語や孟子などの古典全書を買って読みまくり、「信を失えば即《すなわ》ち立たず」「断じて行えば鬼神もこれを避く」「随処に主となる」「穀なきにあらず、耕さざるが故なり」「日々に新たに、また日新たなり」などの名句を探しました。

これらは飯泉君や及川君などの若いスタッフの提案で「五戒」と名付けられ、真壁さんの経営哲学として有名になりました。

真壁理事長からも気に入った社説、使いたい言葉などが伝えられるのですが、つじつまの合わないこともしばしば。うかつなことを書けば、トップのみならず、城南信用金庫の信用が失墜しかねません。

これでは責任を持って書けないと悩んでいた時、西部邁《すすむ》先生の市場原理主義批判を目にしました。学生時代、当時のアメリカ経済学（市場中心の新古典派経済学）を批判する書として著された『ソシオ・エコノミックス』を読んで尊敬していた人が、何と保守派の論客になっていたのです。

訳が分からず質問のはがきを出したところ、思いがけず達筆の返信はがきが届き、感激しました。そして西部先生が主宰する「発言者塾（後の表現者塾）」が4期生を募集していることを知り、迷わず入塾しました。

月に2回、土曜日に、東京の地下鉄丸ノ内線の新中野駅の近くにあった専門学校の一室に通いました。そこで保守主義についての講義を聴き、チェスタートン、エドマンド・バークなどの保守思想を学んで、幅広い世代の塾生と議論を戦わせました。その後、近くの居酒屋に場所を移し、さらに新宿へ流れるのが常です。

居酒屋でもスナックででも、ひたすら議論、さらに議論。つまらない意見や私語には西部先生の猛烈な雷が落ち、その場がシーンと静まりかえるという恐怖の飲み会で、

麻布学園のPTA活動に誘ってくれた内田悦嗣さん（左）と、松尾芭蕉についての講演ポスターを持つ筆者＝1990年代前半

気が付くと終電間際で、足早に駅に急いだものです。

塾生には、佐伯啓思さん（経済学者・京都大名誉教授）、藤井聡さん（社会工学者・京都大大学院教授・元内閣官房参与）、中野剛志さん（現経済産業省）など、そうそうたる人々がいて、公開シンポジウムの開催を手伝ったり、その司会を務めたこともあります。そうした中で大蔵省（当時）財務官の榊原英資さん、漫画家の小林よしのりさんら、幅広い方々と知り合うことができました。

この発言者塾では話の仕方や酒の飲み方、思想から生き方、考え方、エチケットや作法まで厳しく指導され、現在に至る人脈づくりにもつながりました。

麻布学園のＰＴＡで活動

私が30代の後半にさしかかる１９９０（平成２）年ごろから、２人の子どもが相次いで小学校に入学しました。仕事が忙しすぎて子どもの相手が全くできなかった私は、うえやまとちさんの漫画『クッキングパパ』を片手に、子どもと一緒にお菓子や料理を作ることにしました。ストーリーも面白いのですが、一話ごとにテーマのキーとなる料理のレシピが、分かりやすい絵入りで掲載されているので大助かり。

実は私の父方の曽祖父に当たる吉原浅次郎が大の料理好きで、プロ顔負けの腕前だったとか。綱島の家の近所で結婚式や法事があると、仕出し料理に腕を振るっていたようです。私も少年時代は母の手伝いやボーイスカウトなどで料理を楽しみましたが、結婚後は台所に立つこともありませんでした。しかし、主人公の男性が家庭や職場で料理の腕を振るう『クッキングパパ』を読み、温かい家庭に憧れを抱いたのです。

そして子どもたちが中学生になると教育が心配になり、父親参観に出たり、学校行事に参加したりするようになりました。たまたま長男が私の母校である麻布中学校に進んだため、ＰＴＡ活動に参加し、ＰＴＡ会長も務めることになったのです。

私が麻布高校に通っていた当時、学園紛争で授業が中断され、学校が体育館で保護者説明会を開いたことがあります。すると、私の父がすっくと立ち上がり、「学校はなっていない。なぜ事態を放置しているんだ」と発言しました。

父は穏やかな性格でしたが、理詰めな一面があり、家でも子ども相手に計画経済や保守的な自由主義などの話をしていました。父の言うことは正論ですが、子どもとしては恥ずかしく、「目立つことしないでよ」と思ったものです。ＰＴＡ活動で何かと前面に出る私のことを、長男も同じように感じていたかもしれません。

それでも、改めて麻布学園の伝統と教育理念を学ぶ機会を得るとともに、保護者の方々や素晴らしい先生と読書会などの文化活動を通じて交流したことは、得がたい体験となりました。

例えば現代国語の山内修先生は高名な宮沢賢治の研究者であり、和歌文学研究者の広瀬武久先生は、ＮＨＫのラジオ講座の講師も務めた気さくで素晴らしい方です。私をＰＴＡに誘ってくださった先輩で元会長の内田悦嗣さんは、ビクターの一流技術者で、業界ではよく知られた人。自ら望んで管理職を拒否してきたそうですが、ビクター存続の危機に推されて技術部門の最高責任者になり、経営再建に貢献された、人間的な魅力にあふれる方です。現在は城南信用金庫の技術顧問として、城南地区の企業再生と未来の技術構築を担っていただいています。ＰＴＡ会長を務める中、再選を巡って別な候補との対立があり、政治的な立ち回りについても大変勉強になりました。

そんな経緯の後、政治学者で歌人としても知られた東京大学総長の南原繁の孫にあたる氷上《ひかみ》信廣《のぶひろ》校長から麻布の理事に誘われ、組合との交渉、超長期財務シミュレーションの作成による財務の立て直しなどを手伝いました。そして２０１７（平成29）年５月、私は麻布学園の理事長を拝命しました。

民間住宅ローン「超固定」発売で公庫廃止へ

1996（平成8）年、大規模な金融制度改革「金融ビッグバン」がスタートすると、それまで証券会社だけに認められていた投資信託の販売が、銀行でも行うことができるようになりました。販売機関は生命保険会社、損害保険会社、信用金庫、信用組合、農業協同組合、郵便局へと広がり、マスコミも「貯蓄から投資へ」というキャッチフレーズでこうした流れをあおりました。

投資信託は元本保証のない株や債券であるため、販売にあたり「自己責任」が盛んに強調されました。

本来なら、売った側、買った側の双方に責任が発生するのが良識ある人間社会だと思うのですが、この一点を見てもわかるように、金融自由化は、日本が大切にしてきた文化やコミュニティーを喪失させる副作用を伴っていました。

そうした時代に求められる商品やサービスは何だろうか。城南信用金庫では金融ビッグバン前年の95（平成7）年6月、「城南テレホンバンク」の取り扱いを開始しました。日本で最初にテレホンバンキングを実施したのは外資系のシティバンクでしたが、なりすましが可能で、安全面に問題がありました。そこで私は暗号理論を研究し、乱数表を用いたワンタイムパスワードの発行により、電話でもセキュリティーを確保できるシステムを考案しました。こうして日本の金融機関として初めて開始したのです。

金融ビッグバン以降も城南信金は他の金融機関に先がけて、郵便局とのオンライン提携、デビットカードサービスの提供開始、民間版の定額貯金「ハイパーゆうちょ（超郵貯）」の販売開始など、独自の経営を展開しました。中でも多くの注目を集めたのが２００１（平成13）年10月に取り扱いを開始した、民間初の長期固定金利住宅ローン「超固定」です。

住宅ローンといえば「住宅金融公庫」（現住宅金融支援機構）という時代。民業圧迫の批判はあっても、対抗商品は皆無でした。民間金融機関が長期固定型の住宅ローンを取り扱うことは、不可能だと思われていたからです。

当時の小泉純一郎内閣は「聖域なき構造改革」の柱の一つに、住宅金融公庫の見直しを挙げていました。私たちはこれを応援するために金融先物商品を活用し、従来よりも有利で便利な商品の開発に挑戦し、成功したのです。

そしてこの「超固定」の登場により、住宅金融公庫は「官」としての役割を終えることになりました。

私は突然、塩川正十郎財務大臣に呼ばれ、大臣室で商品説明をすることになりましたが、慶応大学の先輩である塩川さんはニコニコと笑顔で聞いてくれました。

そして小泉総理は衆院予算委員会で、「私が公庫の廃止を言いだしたとき、専門家は民間には公庫に代わる商品がないとして反対したが、城南信用金庫はわずか数カ月で公庫よりも良い商品を出した」として廃止を明言したのです。

たまたま国会中継を聞いていた私は「城南信用金庫」の名前が出たことに驚いてしまいました。

金融機関の破綻が相次ぐ

１９９０年代半ばの日本は「バブル崩壊」の負の遺産である不良債権の処理に苦しみ、経済再生への道筋を見いだせずにいました。

起死回生を期す橋本龍太郎内閣は「日本版金融ビッグバン」を実施しましたが、これは日本を金融で思うように支配しようとする米国のグローバル戦略の一環でもあったのです。

その頃、城南信用金庫は東京・新宿区に拠点があった武蔵野信用金庫との合併問題に巻き込まれていました。大蔵省（当時）出身者が歴代理事長を務めていた武蔵野信金は、バブル期のよからぬ筋の取引で多額の不良債権を抱え、私は合併要請を断り切れないトップから、合併の方向での検討を命じられました。

大蔵省は預金保険を使わず、業界内で穏便に処理したかったようで、全国信用金庫連合会（同）も損失負担はさせないと言いましたが、私は口約束では駄目だと主張し、日本初の損失補塡《ほてん》契約を作りました。しかし、いざとなると署名を拒否されたために決裂し、結果として1997（平成9）年に荒川区に拠点を置く王子信用金庫などに事業譲渡されました。ちなみに王子信金は2004（平成16）年、荒川区内の3つの信金と合併し、城北信用金庫と名称変更しています。

一息つく間もなく、山一証券、北海道拓殖銀行、日本長期信用銀行（長銀）、日本債券信用銀行（債銀）など、名の知れた金融機関の破綻が相次ぎ、「金融機関はつぶれない」と思い込んでいた日本人に大きなショックを与えました。

その約10年前の金融制度調査会（当時）で、小原鐵五郎《てつごろう》会長が米国の大手銀行であるコンチネンタル・イリノイ銀行の破綻を例に挙げ、急激な自由化に警鐘を鳴らしたことが思い出されました。

小原会長はかつて、わが国の預金保険制度の導入に尽力しましたが、さらに大蔵省から保護額を300万円から1000万円に引き上げる提案をしてもらいたいとの要請がありました。しかし、預金保険料の増額を嫌う大手銀行は、自分たちが破綻するはずはない、中小金融機関のために、無駄な保険料は払いたくないと、こぞって反対しました。説得に乗り出す小原会長の資料に、「米国の大手銀行が破綻するのだから、日本のメガバンクが破綻しないとは言えない」と記したことを覚えています。

ただ、「預金保険の保護対象となる1000万円以下の預金の金利自由化は、モラルハザード（倫理観の欠如）になる」と警告を記した部分は、そんなことはありえないとして、大蔵省に削除されてしまいました。ところが「1000万円までは大丈夫」という誘い文句で異常な高利の預金を発売したコスモ信用組合が破綻し、私の懸念が現実になってしまったのです。

その後、預金保険の保護額引き上げに反対

神奈川新聞 1997年（平成9年）11月25日 火曜日

山一、自主廃業を決定

蔵相 公的資金投入を検討

日銀、特融発動決める

市場混乱回避へ

拓銀、都銀初の破たん

北洋銀など営業譲渡 日銀特融を実施

再編へ新たな火ぶた

立て続けに起きた証券会社の都市銀行の破綻を報じる神奈川新聞＝1997年11月（写真は紙面コラージュ）

したメガバンクは、バブル崩壊により軒並み破綻し、巨額の赤字を解消するために公的資金が注入され、その弁済を、中小金融機関が支払った預金保険料で行うという、彼らの主張とはまったく逆の結果になりました。

このままではもしかしたら、という危惧は抱いていたものの、日本のメガバンクの破綻という現実は、金融業界に身を置く者にとって大きな衝撃でした。

カードローンは麻薬

金融機関の破綻は２０００年代になっても続き、大手銀行による合併、再編も繰り返されました。

２００１（平成13）年に発足した小泉純一郎内閣は、特殊法人や認可法人を対象とする「特殊法人等整理合理化計画」を策定し、日本道路公団（当時）をはじめとする各種特殊法人の改革をスタートさせました。

政府系金融機関では、住宅金融公庫が融資業務を縮小し、証券化業務を中心とする独立行政法人となることが決まったのです。

政策金融改革の必要性が議論された当時の経済財政諮問会議では「政策金融の役割は終

わった」との認識が示され、これまでの政策金融の機能を絞り込むとともに、公営公庫に代わって「資本市場等を活用した仕組みを創設する」ことが提言されました。

そしてこの頃、大きな社会問題となっていたのがカードローンです。消費者金融業界では1990年代半ば以降、自動契約機を大量に導入し、誰でも簡単にお金が借りられる状況になっていました。「カード破産」という言葉が生まれ、自己破産件数も年間20万件を超えたといわれています。

筆者が金融マン人生のスタートを切った城南信用金庫の入新井支店＝東京都大田区

かつて城南信用金庫の小原鐵《てつ》五郎《ごろう》会長は、クレジットカードの弊害にむしばまれた米国社会を問題視していました。

「安易な借金に頼り、働いて将来に備える勤倹貯蓄の精神を失い、生活が破綻し、貧富の差が拡大し、それが犯罪の増加などの社会不安を招いている」

日本が米国の二の舞いになることを心配していた小原会長は、「カードは麻薬」という言葉を残していますが、残念ながらその危惧が現実となりつつありました。当時は米国の圧力により、消費者金融で収益を上げている米国のシティバンクを見習えという論調が生まれ、大手銀行が既存の大手消費者金融会社を傘下に収めて、消費者金融分野に参入し始めたのです。

消費者金融の社名は元のままで、日本のメガバンクのグループ会社であることをうたいながら、高金利の一般個人向け無担保ローンを手掛けるようになりました。そして人気タレントを起用したテレビCMを次々と放映し、消費者に借金を勧めて、多重債務者や過払い金という深刻な問題を生み出しました。

最高裁判所は２００９（平成21）年、それまで原則として10年とされてきた過払い金返還請求の消滅時効を、事実上認めない判決を下し、さらに過去にさかのぼってすべての過払い金を返却するように、という最高裁判例が出されました。

とはいえ、これで解決したわけではなく、お金の暴走という問題は、常に私たちの周りに潜んでいます。

小原鐵五郎《てつごろう》の精神を受け継ぐ城南信用金庫は、消費者向けカードローンはもちろん、元本割れするリスクのある投資信託や変額年金保険、国債や地方債などの窓口販売を一切取り扱っておらず、消費者金融会社や信販会社とのＡＴＭ提携も行っていません。

孤立無援でも作戦展開

金融ビッグバンがもたらした成果の一つに、ディスクロージャー（経営内容の開示）があります。金融業界の信用回復にも、情報開示は急務でした。

その必要性を早くから認識した城南信用金庫は１９９２（平成４）年、国内で初めて不良債権のディスクロージャーを実施し、96（平成８）年には「マンガでわかる城南信用金庫の経営内容」と題したディスクロージャー誌を発刊しました。子どもでも面白く読め、よく分かるようにと漫画版を製作したのです。

城南信金が1996年から発行している
漫画版のディスクロージャー誌

組織の中でこうした発案を実現するには、まず上司の理解を得なければなりません。企画部で私の直属の上司だった宮田勲さん（２００２＝平成14＝年に理事長就任）は慶応大経済学部の10年先輩で、小泉純一郎元首相とは同級生。真面目で自分の弱みを隠さない人間味にあふれた人です。ただ、完全主義者で小言が長く、真壁實理事長には絶対服従。そのせいで私とぶつかることも頻繁にありました。

「これ間違っています」

「分かっている。子どもみたいなことを言うな」

「信用金庫のためにはこうすべきです」

「自分で言えるのか」

「じゃあ言いましょう」

万事そんな調子で、周囲に制止されることもしばしば。企画部内はそれで収まりますが、部長会で理屈の通らない人事処分に異議を唱えたら大騒ぎになり、出席していた全員から罵声を浴びせられました。会議が始まる前は、私に賛成だと言っていた役員が、トップに怒鳴られ、簡単に手のひらを返すのを見ると、むしろ面白いとさえ感じました。

正しいことを言っても「長いものには巻かれろ」の人たちが賛成するはずはない。それが分かっていたので、孤立無援でも一向に気になりませんでした。

仕事の上では常に礼儀正しく、どんな荒唐無稽な命令も淡々とこなし、新企画や新商品を次々に具体化していく。そんな私を真壁理事長も重宝がり、目障りだと思いつつも大目に見てくれていたのだと思います。

そのうち、会議で発言するのは真壁理事長と私だけになりました。組織としては極めて異常な状態ではあるものの、一対一で決められるので、むしろ話が早くてやりやすい。私は正論を掲げて理事長を誘導し、正しい経営を実現していくことに、むしろ使命感とやりがい、誇りを感じるようになっていきました。

実現に至るプロセスを考え、あれこれ作戦を立てるのは案外楽しいもので、例えば自分のアイデアを、さも相手から指示されたことのように言って実現にこぎ着ける「一人時間差」、初めに否定されることを前提として初手を打ち、否定されたことに従ったふりをして当初の自分の狙いを実現する「リバウンド狙い」は常とう手段。

未決の案件なのにそのさまつな手続きの稟議《りんぎ》を通して本題の承認を得る「枝葉末節作戦」、否決を前提とした軽微な稟議の説明に時間をかけ、その後すぐに本命の重要な稟議を通す「陽動作戦」、上司に裏切られた直後に、すかさず決裁を通す「貸しつくり作戦」…。

自分の理想とする経営を実行するためには手段を選ばず、自分の気持ちを奮い立たせて、あえて楽しく仕事をしました。

しかし、残念ながら、絶対権力者のスタッフに過ぎない私にできることは限られています。皆が首をかしげる不条理なことを是正しようとしても、理不尽な犠牲者を助けようとしても、できないことがある。どうしたらよいのか悩むことも少なくありませんでした。

こうした現実を、いつか何とかしなければという思いを常に抱えていました。

第三章

いま信金にできること
これからの信金がやるべきこと

経営私物化に強い危機感

２００８（平成20）年9月15日、米国第4位の投資銀行リーマン・ブラザーズが破産法の適用を申請しました。負債総額64兆円という史上最大の倒産は、「リーマン・ショック」という世界同時不況を引き起こし、日経平均株価はバブル崩壊後の最安値を更新し、急激な円高も進行しました。

そうした影響は、城南信用金庫の取引先の中小企業にも及び、私たちは最悪の事態を避けるための融資に奔走しました。幸い1年余りで回復に至り、ホッとしたのもつかの間、城南信金が内部に長年抱え込んでいた火種がついに発火寸前となったのです。

小原鐵五郎《てつごろう》会長の後任として１９８９（平成元）年に6代目理事長となった真壁實《みのる》さんは、96（平成8）年に会長就任していました。その後は鈴木康之さんが7代目、２００２（平成14）年に宮田勲さんが8代目理事長となりましたが、真壁さんはその間も常任相談役・名誉理事長として実質的な経営権を握り、金権政治、私物化経営を続けていました。

もっともそれは内向きの話で、対外的には金融自由化に積極的に取り組み、他の信用金庫と一線を画す独自路線を打ち出した真壁さんは、大蔵省（当時）による横並びの護送船団方式に真っ向から異を唱え、信金業界の異端児と呼ばれるほど強いリーダーシップを発揮しました。

また、大ヒットした懸賞金付き定期預金「スーパードリーム」、民間版住宅ローン「超固定」など、画期的な新商品や新サービスを次々と世に出し、時代の寵児《ちょうじ》となっていました。

そんな時、「スーパードリーム」を好意的に取り上げてくれていた月刊誌「テーミス」が、真壁さんの恐怖政治の一端をすっぱ抜きました。信金の役職員が賞与の支給時や昇格に際し、真壁さんに多額の商品券や現金の付け届けをする習わしを、「上納金制度」と名付けて報道したのです。恐怖政治の原因はこうしたお金への執着にありました。真壁さんは国税庁から追徴を受けましたが「これは自分でなく金庫への攻撃」だとして、テーミスを名誉毀損《きそん》で告訴しました。

真壁さんは、この一件を機に、意に反する者をことごとく左遷するなど、従来にも増して恐怖政治をエスカレートさせていきました。そして2006（平成18）年、宮田理事長を体調不良を理由に退任させて、自分の娘婿を9代目理事長に据えました。

しかも当時、真壁さんの実の息子は城南信金の関連会社に、また城南信金の企画部には孫が籍を置いていました。どうやら真壁さんはその孫を、次の人事で役員にするつもりだったようです。苦労人で真面目な人柄の息子さんはともかく、孫はとてもその器ではありま

自らが副理事長を務めていた当時の城南信金の状況について振り返る筆者＝2017年6月

せん。このままでは親子三代にわたる私物化経営が続くことになります。孫を溺愛していた真壁さんは表向きには77歳で完全に引退すると公言していましたが、78歳の誕生日を過ぎても一向にそんな気配はありません。孫が不得意だった渉外活動を禁止するなど、経営方針も混乱し、業績は急激に悪化していきました。

人事を含めた経営の私物化は目に余り、当時副理事長だった私に、城南信金の将来を心配する声が内外から届くようになりました。

理事長らの解任動議を提出

２０１０（平成22）年秋、城南信用金庫の定例役員会を間近に控えた私は、金庫の実質的な創業者である加納久宜《ひさよし》公の旧跡を訪ねました。

事実上の最高権力者である真壁實《みのる》常任相談役と、その娘婿の理事長による金権政治、経営私物化にどう立ち向かえばいいのか、まだ迷っていたからです。

まず向かったのは、久宜公が城南信用金庫の前身である入新井信用組合の事務所を開設した大田区山王の自宅跡。それから千葉県一宮町の指定文化財になっている久宜公の墓所にも足を運びました。

１９１９（大正８）年、保養先の別府で没した久宜公の遺骨は東京都台東区の谷中霊園に葬られましたが、最後の上総一宮藩主として、また一宮町長として、道徳と経済を調和させた町を育てた久宜公を慕う町民が分骨を望み、太平洋を一望できる城山にお墓が建立されたのです。

詳しい場所がわからず、山中で道に迷ってしまった私の目の前に、突然お墓が現れました。辺りに夕闇が迫る中、墓前で手を合わせて目を閉じると、どこからともなく声が聞こえてきました。

「頼むぞ」

それはおそらく「ただ公益事業に尽くせ」という久宜公の遺訓を改めて胸に刻み、自身

城南信用金庫の実質的な創業者とされる加納久宜公

を鼓舞したかった私の心の声だったのでしょう。生涯の師と慕う小原鐵《てつ》五《ご》郎《ろう》の、「銀行に成り下がるつもりですか」という口癖も反すうしました。

信用金庫が本来あるべき姿を失った状況を目の当たりにしながら、20年以上もおとなしい羊の群れに身を投じ、自分かわいさに事なかれ主義に陥っていた自分自身に腹が立ちました。志半ばで城南信用金庫を去って行った先輩たちの無念さを思うと、失った時間への後悔がのしかかってきます。

今、未来を変えなければ手遅れになる。経営者としてふさわしくない人物には退場してもらおう。もう迷いは消えていました。

それからは理事の説得工作に努め、大塚健一、渡辺泰志（後に理事長）など、当初はわずか3人だった賛同者が過半数を占めるようになり、新田輝夫、早川憲治、田中仁、三谷昌宏、横田紀彦などの執行役員も全力で応援してくれました。

10年11月10日、定例役員会はいつものように粛々と進みました。そして最後の「その他の動議」に移った瞬間、私は立ち上がりました。

「理事長の解任動議を提案します。真壁常任相談役も、一緒に辞めていただきたいと思います」　理事長を除く12人の理事のうち、9人が賛同して解任動議は可決され、副理事長の私が理事長に昇格することが決まりました。

私は権限委譲をスムーズに進めるため「お二人の待遇は今のままで結構です」と提案しましたが、臨時総代会（株式会社の臨時株主総会に相当）の開催をもくろむ真壁さんの巻き返し工作は数日間続きました。約１５０人の総代の5分の1の同意で臨時総代会が開催され、その場で2分の1が賛同すれば理事長を代えられるからです。

それを阻んだのは、解任動議が可決された直後、本店に集結した全支店長の協力と、総代たちの手元に届けた「新しい城南」と題した私の決意表明でした。

圧勝、そして禍根を残さず

２０１０（平成22）年11月10日、城南信用金庫が敢行した経営陣の交代は、週刊誌やインターネット上で「城南信金のクーデター」と大きく報じられました。業界の異端児とよばれた強面《こわもて》権力者の失脚でしたから、まさかと驚かれたのでしょう。中にはカエサルが腹心の部下ブルータスに暗殺された事件や、織田信長が明智光秀に討たれた「本能寺の変」に例えたものもありました。

しかしこれは、法的な手順を踏んだ正当な経営陣の交代であり、あくまでも経営の正常化を目的としたものです。非合法的な暴力による私利私欲のための政変、すなわちクーデターとは異なります。

役員交代決議の直後、私は解任された真壁實《みのる》元相談役と一対一で徹底的に話し合いました。元相談役は、話し合いによる良識ある経営を目指すと言う私を「おまえは甘い」「人間はそんな善人ではない」とあざ笑いましたが、私は「必ずやってみせます」と宣言しました。

その間に本店（東京都品川区）に支店長を集めて役員が事情を説明し、私が今後の方針を伝えました。

「新体制では、人を大切にする、思いやりを大切にする本来の正しい経営を実現したい、どうか皆さんの力を貸してください」

そう言った瞬間、いっせいに大きな拍手が湧き起こり、私は思わず涙があふれ、泣き崩れてしまいました。みんなの気持ちがうれしく、何があっても頑張ろうと心に誓いました。

それから役員と支店長が手分けして、150人の総代に、経営陣の交代の経緯と新体制の方針を記した決意書を持参し、説明に回りました。総代の方々は毎年、熱海の旅館に泊まり込みで行うセミナーなどを通じ、元相談役の経営私物化やワンマンぶりをよく知っていました。そのため、総代への切り崩し工作は実らず、結果的には全員が賛同してくださいました。

「総代のわれわれが経営の正常化に努めるべきだったのに、申し訳ない」

中にはそんな温かい言葉を掛けてくれる人もいて、私は心からの感謝の気持ちでいっぱ

筆者（壇上）が理事長就任後に開かれた、2010年度の業務報告会＝2011年3月、都内のホテル

いでした。この間、前経営陣側は「本店を不法占拠された」と警察に通報までしましたが、やって来た警察官も事情を知ると、そのまま帰っていきました。

これにて一件落着、としたいところですが、こうした〝闘い〟では圧倒的に勝利することと、待遇面では思い切り譲歩して禍根を残さないことが鉄則です。それはかつて読んだ塩野七生さんの『ローマ人の物語』から得た教訓でした。

そこで真壁元相談役の少年時代からの友人でもある山田有宏顧問弁護士に仲介を依頼しました。

山田先生は「私は真壁さんの弁護士ではなく、城南信用金庫の顧問弁護士だ」と快諾され、和解書を取り次いでくれました。そして私たちは高輪プリンスホテルで和解のセレモニーを催しました。

「長い間ご苦労さまでした」「しっかり頑張れ」と互いに声を掛け合い、握手を交わして花束を贈呈、元取り巻き役員たちとの慰労会の場も用意し、ようやくホッとしました。

信用金庫の原点回帰

城南信用金庫の役員会議の場で正々堂々と解任動議を発動し、権力体制や組織の抜本的な変革が合法的に行われたことは、信用金庫の原点回帰への第一歩だったと考えています。

その結果として2010（平成22）年11月に理事長に就任した私は何をなすべきか、まず考えたのは「お金の持つ魔力」「お金の弊害」を排するということです。

元相談役が経営私物化に走ったのは個人の問題ではなく、お金の持つ魔力に毒された心が、組織内における権力を誤った方向へ増幅させ、一度手にした権力を維持したいと欲する心がエゴイズムと化し、コーポレートガバナンスを崩壊させせてしまったのです。

だとすると、責任ある仕事をしているのだから、それに見合った高い報酬を受け取るのが当然だという現代の経営者や官僚、政治家の考え方は間違っている。古代ギリシャの哲学者プラトンも、私心の全くない哲人政治が理想だと説いており、江戸時代の武士も質実剛健であったので、人々から尊敬されたといいます。

人間は分不相応なお金を持つほど守りに入り、不安を感じ、他人を信じられなくなり、孤独感にさいなまれ、やがて暴走する。そうした悪循環を生み出さないためにも、私は自らの年収を支店長平均よりも低い1200万円に決めました。

また、理事長と会長の任期を通算で最長4年、定年を60歳にしました。

どんな役職でも、長くやれば惰性に流されて自己中心的になり、社会的な使命よりも自己保身を優先させるようになる。ならば期間を区切り、その中で全力を尽くせばやるべきことも明確に見えてくるはず。そう考えて理事長以下すべての役員の定年を60歳とし、給与体系も、他者から評価を受けない年齢給にしました。

また、人事権がトップに集中する体制は恐怖政治の温床になりやすいため、理事長権限から人事権を切り離し、人事委員会に一任しました。その上で、3親等以内の親族の入職禁止、役員の個室や社用高級車の廃止、虚礼の廃止などを打ち出しました。金銭に頼らない、本当の信頼の絆を大切にしたいと思ったからです。

城南信金綱島支店の利用者の親睦会「城信綱島睦会」で、崎陽軒の工場見学に同行した筆者（2列目左）＝2016年9月、横浜市都筑区

理事長就任直後の理事会で決定したこれらの方針の原点が、実質的創立者である加納久《ひさ》宜《よし》公の「ただ公益事業に尽くせ」、信金業界の不世出のリーダーである小原鐵五郎《てつごろう》会長の「銀

行に成り下がるな」にあることは言うまでもありません。

信用金庫の創立者に名を連ねる名望家の方々は私財をなげうち、地域の発展や繁栄に尽くすために信用金庫を創りました。そうした高い志と理想を持つ信用金庫が、長い歴史の中で失ってしまった理念を取り戻すには、利益を目的とした株式会社の銀行ではなく、公共的な使命を持った協同組織の社会貢献企業であるという原点に立ち返り、私心のない経営が必要です。

私がそう思い至った背景には、偉大な先人の遺訓とともに、それまで学んできた加藤寛先生、西部邁《すすむ》先生の思想的な教えなどがあるような気がしています。

米国主導の企業文化への挑戦

城南信用金庫の理事長に就任した私は、理事長室や役員の個室があった本店（東京都品川区）の10階フロアを、誰でも利用できるレセプションルームとして開放し、役員は9階に移ることにしました。

その上で各フロアの壁を全て取り払ったところ、自然光の明るさが増し、後に本格的に取り組むことになる節電にもつながりました。パーティションはありますが、座っている高さで全体が見渡せる低いものにしています。

もちろん、理事長室も役員室もなくなり、かつて小原鐵五郎《てつごろう》会長が使っていた部屋は、城南信金の歴史と歩みを学べる記念室として、職員がいつでも立ち入れるようにしました。レセプションルームは各支店の職員たちの集まりや、お客さまを招いての立食パーティー、音楽部のジャズ演奏会など、思っていた以上にいろいろな使われ方をしています。

一方で、理事長の任期を会長との通算で最長4年、60歳定年、年収制限などの改革を行いました。それはトップがまず、誰よりも厳しく自らを律するべきだと考えたからです。

また、営業店が主役である現場第一主義を意味する逆さまのピラミッド、委員会を多用した話し合い経営、役員の年齢給与制、役員定年後65歳までの顧問会議などを考案しました。相談役や顧問は、若い役員にアドバイスを与え、理念の継承を図るために重要な職務であり、また長年の経験を活かして、現場の職員とともに日々全力で仕事をしています。

さらに経営が私物化される要素を排除するため、国政の三権分立を参考に、執行、管理、人事、監査、内部監査の権限を分離する5権分立体制としました。

実は改革当初、私物化の排除策は内部監査を除く4権分立でスタートしたのですが、その後の試行錯誤により2015（平成27）年12月に理事会の議長を理事長・副理事長以外から理事会で選任する、内部監査部門の長を理事会で選任する理事会に特別監査権を付与する―などの改革に至りました。

その際、職員外理事（弁護士）を委員長とする内部監査委員会を発足させたことに伴い、4権分立に内部監査が加わって5権分立となったのです。

小原鐵五郎会長が使っていた部屋は、「城南信用金庫記念室」に生まれ変わった＝東京・品川の同信金本店

この5権分立の経緯をみても、組織の改革には長い時間がかかることが分かります。部屋の壁を取り払うことはできても、長い間に醸成されてきた企業の体質を、一朝一夕にして変えることはできません。企画部の坂本直幸君や清水茂君、そして側近として私を常に支えてくれた森井克己運転手など、信頼できるブレーンと相談しながら一つ一つ構想し、実現していきました。

私が取り組むべき改革の本質は、問題のあ

る経営者に辞めてもらえば済むというものではなく、私たち一人一人が「お金の魔力」に魅入られないよう意識を変えなければいけない。その課題は、理事長就任直後から痛感していました。

アメとムチの下でお金と地位、評価のために働くのではなく、理想のため、人々の幸せのために働くという、組織全体の意識革命、企業文化の変革が必要だということです。

それは、世界全体に見られるようになったサラリーマン主義、成果主義、拝金主義、株主資本主義など、米国主導の現代の企業文化への挑戦の始まりでもありました。

〝よい仕事おこし〟フェアを開催

信用金庫の原点回帰を掲げた城南信用金庫の改革が緒に就いたばかりの2011（平成23）年3月11日、東日本大震災後が発生しました。

「人を大切にする」「思いやりを大切にする」という方針は着実に成果を上げつつありましたが、未曾有の大震災に遭遇し、私は、今こそ信用金庫の社会的使命、存在意義が問われていると思いました。

それが経費削減による義援金の拠出や寄付の呼びかけ、現地での炊き出しなどのボランティア活動、被災信金の新入職員の雇用、そして「脱原発宣言」や新電力からの電気購入などへとつながったのです。

ところが、震災の翌12(平成24)年5月に完全に停止した原発を再稼働させようという動きが明らかになりました。良識ある人々がこれに反対するのは当然の流れです。

再稼働が明らかになる前の12年2月、作家の落合恵子さんから連絡を頂き、落合さんの主宰するクレヨンハウスが開く「原発とエネルギーを学ぶ朝の教室」で「企業の脱原発宣言」について話す機会がありました。

その後もカタログハウスの雑誌『通販生活』で対談し、落合さんや経済評論家の内橋克人さん、音楽家の坂本龍一さん、作家の大江健三郎さんらが呼び掛け人に名を連ねた「10・13さようなら原発集会 in 日比谷」に私も出席し、「原発は経済的にも全く採算が合わない。いま経営者に求められているのは脱原発に踏み出す勇気」とあいさつしました。

都内で開催中だった国際通貨基金(IMF)・世界銀行総裁会議に経営者の一人として参加・発言した直後で、原発に対する危機感の濃淡を肌身で感じた一日となりました。

日比谷野外音楽堂に集まった約6500人はその後、会場周辺をデモ行進して脱原発を訴えましたが、こうした原発再稼働への抗議行動だけでなく、脱原発の運動は各地で起きていました。

この頃にはテレビで発言する機会もありました。8月9日の報道ステーション（テレビ朝日系列）で「原発ゼロは非現実的だという3大経済団体（日本経済団体連合会、経済同友会、日本商工会議所）は、原発を買い取って自ら運営すべきだ。それができないのは、原発に融資する銀行がなく、巨額のツケを国民に押し付けることが前提であり、まさに無責任きわまりない」とコメントすると、スタジオは水を打ったように静まり返ってしまいました。

放送終了後、その理由を尋ねてみ

よい仕事おこしフェア」の脱原発シンポジウムで、後列左から野中ともよさん、筆者、藤田和芳さん、田中優さん、三上元さん、小林よしのりさん、落合恵子さん、広瀬隆さん、鈴木悌介さん、山本太郎さん。前列左からマエキタミヤコさん、加藤登紀子さん、飯田哲也さん、鎌田慧さん＝2012年11月

ると、あるスタッフが「吉原さんが言うのは構わないけれど、番組としては言えない。スポンサーは経団連加盟企業ですからね」と教えてくれました。

3団体は9月に合同記者会見を開き、2030年代の原発ゼロを目指す民主党政権の方針にあからさまに反対を表明しました。3団体のスタッフは経済産業省の天下りであり、経済産業省の別働隊なのです。さらにはアメリカ政府からも横やりが入ったため、政府は閣議決定を見送り、いつの間にか「原発は日本に必要」というスローガンばかりが独り歩きを始めていました。

脱原発活動を通じて分かったのは、原発に依存してきた自治体には、止めるに止められない事情もあるということ。原発に代わる産業が生まれないと、地域経済が成り立ってゆきません。

そこで11月1日、東京ドームで、東日本を中心とする63の信用金庫の共催による「日本を明るく元気にする〝よい仕事おこし〟フェア」を開催しました。

取引先企業、行政機関、社会福祉団体などが集まり、震災犠牲者の鎮魂と人々の絆や助け合いの中から、世の中の役に立つ〝よい仕事おこし〟を実現しようというもので、画期的なイベントとしてメディアからも注目されました。

同フェアは翌13（平成25）年から会場を東京国際フォーラムに移して継続しており、17（平成29）年は8月22、23日に約430の企業・団体が出展、2日間で約4万1000人が来場しました。

6回目となった17（平成29）年には、当時の守田正夫理事長が企画した東日本大震災と熊本地震の被災地にあたる岩手、宮城、福島、熊本4県の米をブレンドして造った日本酒「絆結《きゆ》」が完売になるほど人気を集め、売り上げの一部が被災地に寄付されました。

城南総合研究所を設立

城南信用金庫の「脱原発宣言」が注目されたことがきっかけとなり、パルシステムや生活クラブなどの生協、JR東日本労組、市民団体、大学などから声を掛けられ、脱原発を目指す人の輪は徐々に広がっていきました。

その一方、協同組織金融機関である信用金庫として、原発などの日本が抱える諸問題を、グローバル資本主義によるお金の弊害という観点から独自に分析、提言するため、2012（平成24）年11月9日、城南総合研究所を設立し、慶応大学時代の恩師・加藤寛先生に名誉所長をお願いしました。

その少し前、加藤先生の著作『日本再生最終勧告－原発即時ゼロで未来を拓《ひら》く』（ビジネス社）の対談でお会いした時、いつもは温厚な加藤先生が強い口調で「吉原君、いっしょに闘おう」。そして「私で役に立つなら何でもしよう。思う存分やってくれたまえ」と全面的な応援を約束してくれていたからです。

加藤先生は、公共選択論という学問を日本に導入された方ですが、それによると市場経済には公害問題や所得分配の不公平などの「市場の失敗」という分野があるため、ケインズが政府による適切な介入の必要性を主張したのです。しかしそれが悪用され、現代では政官財の癒着による利権集団が拡大し、たかり社会（レントシーキング・ソサエティ）になっている。こうした「政府の失敗」を是正するためには、利権集団を解体しなければならない、というものです。

加藤先生は「電力会社こそ、今や最大の利権集団であり、原発というきわめて危険で、採算性の全くない非効率な旧態依然とした電力設備を維持しようとする反社会的存在である。わが国にとって、かつての国鉄、電電公社以上の利権集団であり、これを改革するまでは死んでも死にきれない」とまでおっしゃっていました。

私も、原発は人類にとって最大最悪の公害問題であり、従来の経済理論では想定しなかった「新たな市場の失敗」であると気が付きました。つまり、一般に経済学では、公害問題の解決のためには、補償金を支払うことで市場メカニズムを補完し、問題を解決できると考えます。そして、原発設置においても、こうした観点から、地域に住んでいる住民に多額の現金が支払われるのですが、原発が事故を起こせば、補償を受けた地域のみならず、広範囲にわたって、場合によっては地球全体に深刻な影響が及びます。しかも、それが何千年にわたって住めなくなるのです。つまり、これから生まれてくる未来の多くの子どもたちの住むべき場所を奪い取り、その権利を侵害するという問題が起きます。

故・加藤寛先生（右）はいまも漫画のディスクロージャー誌の中で「原子力ムラ」を叱っている

このように、「長期にわたる権利の侵害が予想される場合、現在の世代に対する補償金を支払っても、公正な市場取引は成立しない、つまり外部不経済の内部化はできない」という、今までの経済理論が指摘しなかった、長期間取引にかかる「新たな市場の失敗」という問題が存在するのです。言い換えれば、長期間取引には、多世代にわたる市場参加者、利害関係者が存在するが、それらは同時に市場取引に参加できないので、市場メカニズムでは公正な解決ができないのです。

さらに言えば、こうした「市場の失敗」を研究すると、近代経済学が前提としている「市場原理」が当てはまる純粋な私的な財やサービスというものは、現実の世界にはほとんどないことに気づきます。上記の土地や環境をはじめ、現実には公共財や外部経済、不経済という、公害問題や不公正などを引き起こすケースが大部分であり、「市場原理」を振りかざす経済学とは、現実を見ない、あるいは見て見ぬふりをして、乱暴に現実を割り切り、一部の人間に利権を与え、強者に悪用され、社会に混乱を与えてきた非現実的なイデオロギーにすぎないとさえ思えてなりません。

そして「長期間取引」は、生きている人間同士の利害調整を目的としている近代民法においても、解決できない問題です。このため、ドイツでは、メルケル首相が「倫理委員会」を設置して、原発問題に対する対応策を考えるという、新たな解決方法を導入したのです。こうしたことも含めて、城南総合研究所では、原発問題を経済、倫理、技術など、様々な観点から研究、検討しています。

ところが加藤先生は所長就任から間もない2013(平成25)年1月30日に急逝され、私が葬儀を取り仕切ることになってしまいました。

その後の14(平成26)年7月、加藤先生の教え子で、葬儀にも参列された小泉純一郎元首相に後任の名誉所長をお願いしました。小泉先生は政界引退後、財界主導の民間シンクタンク「国際公共政策研究センター」の顧問に就いたものの、「経団連がつくったシンクタンクで脱原発を主張されるのは困る」という声を耳にし、幹部の慰留を振り切って辞任されていました。

そのことを新聞記事で知った私は「元総理に対して、財界は何と無礼なことをするのか」と憤慨し、何かできないかと考えて、城南総合研究所の名誉所長就任を依頼したのです。すると小泉先生は「加藤先生にはお世話になった。その後任なら名誉なことだ」と快諾され、ただし給与は受け取らないぞ、という条件で引き受けてくださいました。そのおとこ気と清廉潔白さは、以後の脱原発活動でもいたるところで発揮されています。

たとえば震災派生直後、太平洋を航海中だったアメリカ軍の原子力空母「ドナルド・レーガン」が進路を東北沖に変え、トモダチ作戦(アメリカ軍による支援活動)を展開してくれたことはよく知られています。

その乗組員およそ400人が、被ばく後遺症を訴えていることを被爆2世のジャーナリスト、エイミー・ツジモトさんから聞いた小泉先生は、私と栢沼雄二企画部長を伴ってすぐに渡米し、安宿で3日間、患者と膝をつき合わせての話を聞きました。乗組員たちの現状や心情を聞いた小泉先生は涙を流し、帰国後すぐに「トモダチ作戦被害者救済基金」を立ち上げました。

財界の対応は冷ややかでしたが、私や城南の役員、お取引先の方々が賛同して寄付したほか、ニトリの似鳥昭雄社長ら新興企業の経営者の方々、建築家の安藤忠雄さんらの寄付で約3億円が集まりました。

小泉先生以外にも慶応大学を通じた人のつながりは多く、1997（平成9）年には慶応大学の同窓会組織である連合三田会の大会券部会経済学部代表を依頼されました。日吉キャンパスで開催される三田会大会の収入源となる大会券を売りさばく担当です。

これを機に、同期の大林剛郎（大林組代表取締役会長）、草壁悟朗（川崎信用金庫理事長）らをはじめとする多くの同窓生と親しくなりました。脱原発活動では、慶応時代の恩師である経済学者の福岡正夫先生、富田重夫先生、井村喜代子先生、島田晴雄先生、金子勝先生、社会思想史家の白井厚先生、法学部の小林節先生らとコンタクトを取る機会が生まれました。

日本的経営の再評価へ

２０１２（平成24）年は09（平成21）年に国連が定めた「国際協同組合年」でした。協同組合がもたらす社会経済的発展への貢献が国際的に認められ、協同組合が貧困削減、雇用の創出、社会的統合に果たす役割に注目が集まった一年でした。それは08（平成20）年のリーマン・ショックを機に、市場原理主義や資本主義経済のメカニズムでは人々を幸せにすることができないと、世界が気づきはじめた証しでもあると思います。

貨幣がない時代には富を増やそうという意識はありませんでしたが、貨幣が生まれるとすべては貨幣と交換可能な物となり、物を奪い合う、富を争う現象が生じました。それが高じた現代人は、お金を持てば持つほど孤独になり、人を信じられなくなっていきます。

城南信用金庫では役員給与を完全な年齢制に改めました。こうすれば役員の地位や報酬は保証され、自由に発言できるためトップの暴走は起きません。

かつての終身雇用を含めた日本型年功人事は、ものづくりで世界をリードした日本的経営の中核であり、日本的経営は今でも世界で高く評価されています。

最近はやりの成果主義は、米国の正統な経営学にはない考えです。一見正しそうですが、実はお金のために働き、会社の奴隷になること。自分を守るだけで精いっぱいで、他人や社会に貢献しようという理想や夢を持てなくなります。

エイト工業の関本会長（右）と筆者

行き過ぎた資本主義、お金だけに目を向けた個人主義や成果主義がお金の暴走を許し、世の中をおかしくしていると思います。
原発事故とその後の社会状況には、日本が抱える問題が集約されています。
前例にとらわれて方向転換ができない「官僚主義」、地位とカネにしがみつく「サラリーマン化」、そして、生きる目的や正しさを見失い、誰もが損得だけで動いてしまうようになる「大衆社会化」です。日本人は人がよいが、論理を避ける傾向があります。周囲に流されやすく、大衆社会化が進みやすい。その中で原発も忘れられていく。それはもっとも忌避すべきシナリオです。

巨大な利権が絡み合う原発産業は、お金が持つ魔力によって結ばれ、拝金主義を増幅させている「原子力ムラ」が、原発のツケを後の世代に回すことで成り立っています。そこにも官僚主義やサラリーマン化が入り込み、見て見ぬふりをする大衆社会化がはびこっているような気がします。

原発事故で浮き彫りになった日本社会が抱える問題（官僚主義・サラリーマン化・大衆社会化）を解決するには、一人一人が社会全体を引き受け、自分の頭で考え抜き、行動する。意見が違う人を排除せずに話し合い、共有できる理想を見つける。それこそが、周囲に流されないための防波堤になると思います。

金融機関の使命は「健全な未来をつくる」こと。将来にツケを回し、目先のことや自分のことだけを考え、傍観者でいることは金融マンとして耐えられない。そう思って活動を続けていますが、反省させられることもたくさんあります。

東日本大震災後に初めて「よい仕事おこしフェア」を開催したとき、東北の被災企業の売れ残り商品を全部買おうと声を上げたのが、株式会社エイト工業（横浜市港北区）の関本利治会長でした。綱島でプリント基板などの製造販売を手掛ける優良企業で、大家族経営で従業員を育て、地域に防災ツールを配ったり、防犯カーを走らせたり地域貢献活動にもとても熱心です。

私はそうした状況を想定もせず、何も考えていなかったことを恥じ、みそ、漬物、菓子、酒などの残ったものは全て城南信金が買い取り、出店されたお客さまへのお土産にしました。

関本会長は利益が出ると社員に配分し、定年制を廃止して社員が長く働ける環境をつくるなど、先進的な経営を実行されています。城南信金も関本会長の経営をヒントに、しんきん成年後見サポート、しんきん安心サポート、城南ワーカーズコープなどを立ち上げ、OBがいつまでも元気で活躍できる大家族経営を目指しています。

都知事選で元首相らと共闘

脱原発のイベントやセミナーは、思いがけない出会いの場でもあります。

漫画家で評論家としても活動している小林よしのりさんの「倫理と成長の脱原発」セミナーに参加した時は女優の木内みどりさんと元参議院議員の水野誠一さん（元西武百貨店社長）ご夫妻と一緒になりました。

同じセミナーに出席した河野太郎衆議院議員は、親しい亀有信用金庫の矢澤孝太郎理事

城南総合研究所名誉所長の（右から）小泉元首相と細川元首相が日本初の商業用メガソーラーを視察＝ 2015 年 6 月、新潟

長と慶応高校の同級生と知ってびっくり。また別のセミナーでは、ジャーナリストで環境活動家の野中ともよさん、山本太郎参議院議員、一水会の鈴木邦夫さん、生長の家栄える会の神谷光徳名誉会長、山本良一東京大学名誉教授とも親しくなりました。

俳優の菅原文太さんとは脱原発イベントで何度もご一緒し、ラジオ番組にも呼んでいただきました。「吉原さんはもっとゆっくり話しなさい」とさりげなく指導してくださったことが忘れられません。

そして、２０１４（平成26）年2月9日に投開票が行われた東京都知事選挙でも、不思議な出会いが重なりました。

猪瀬直樹前都知事の辞任による選挙で、早

くから舛添要一氏が出馬の意向だという報道がなされていました。何人もの著名人の出馬が取り沙汰されている頃、細川護熙内閣で総理特別補佐を務めた田中秀征さんが突然、城南信用金庫の本店を訪ねてきたのです。

「明日、細川さんに会いに行き、都知事選への出馬を要請してほしい」

正直言って面食らいました。面識があるわけではなく、まったく唐突な依頼だったのですが、原発を阻止するために、細川先生にはぜひご出馬をお願いしたいと思いました。それで言われた通り、文京区目白台にある細川家の屋敷跡の永青文庫を訪ねました。

「私たち庶民は細川先生にぜひご出馬いただきたいと考えております」

誠心誠意お願いしたところ、細川元首相は快諾され、小泉純一郎元首相の推薦を受けて正式に立候補を表明したのです。前年11月12日、小泉先生は「原発ゼロ」会見を開いて、政治が原発ゼロの方針を示すことが大切だと強く訴えました。この会見にいち早く応えた細川先生は元首相ペアによる「共闘」を約束していたのですが、まさか都知事選がその舞台になるとは驚きでした。

元首相の菅直人先生、鳩山由紀夫先生、ジャーナリストの鎌田慧さん、ピースボート共同代表の吉岡達也さんらも支援を表明、私は慶応大学時代の加藤ゼミの楠達史、小宮武夫先輩らと「加藤先生の遺訓を守る会」を結成して応援に奔走しました。

選挙戦最終日の2月8日は記録的な大雪（平成26年豪雪）でしたが、最後は新宿の街頭。吹雪の中に浮かび上がる二人の元首相の声に多くの人が耳を傾けていました。結果は準備不足もあり、まさかの敗戦となりましたが、危機感を募らせた自民党が商工会議所などを動員し、これまでにないほどの、徹底した組織戦を展開したと聞きました。

菅先生は、私が杉並区で講演した時にご夫妻で来場され、懇親会で話をしたのが初対面でした。その後、城南信金の小原白梅育英基金での講演をお願いすると、学生に原発事故当時の危機的状況について詳しく説明してくださいました。

菅先生によると、福島第一原発事故の時には、官邸では東日本壊滅が予想されたため5千万人避難計画を立案したが、幸いに放射性物質の90％が西風に載って太平洋に流れたこと、大量の燃料棒を冷やしていた4号機の燃料プールに漏水が入り込み、崩壊熱による臨界が起こらなかったことなど、奇跡のような偶然が重なって、最悪の事態を免れたのでした。

菅先生は、ご自分の総理辞任と引き換えに固定価格買取制度を実現され、自然エネルギーの推進に尽力され、特にソーラーシェアリング（営農型太陽光発電）の普及には、私の論文を配布して下さり、小泉先生とも協力して取り組んでいます。

鳩山先生は城南信金のお客さまで、脱原発宣言の後、激励の電話を頂きました。加藤ゼミの1期生でジャーナリストの下村満子さんが鳩山夫人、細川夫人、湯川れい子さんと親しいこともあり、下村さんの講演会でお会いする機会があり、その縁で、鳩山先生の勉強会で講演もさせていただきました。鳩山先生とお話をすると、日本の国を愛し、世界平和を願う、視野の大きな素晴らしい方だということが分かります。

湯川さんは細川先生の都知事選以来、脱原発の同志ですが、実は義理の妹の夫が日本コロムビアから歌手デビューした時に大変お世話になった方でもあります。

目指すのは一石七鳥

脱原発の実現には、地方が原発に依存せず自立できる産業の育成が急務です。

城南総合研究所が2015（平成27）年11月4日に開催した「自然エネルギーシンポジウム」には、名誉所長の小泉純一郎元首相、東京大学大学院教授のロバート・キャンベルさん、立教大学教授の香山リカさん、脱原発に取り組む河合弘之弁護士らが出席し、全国の自然エネルギー事業者の事例発表が行われました。

中でも大きな可能性を感じさせたのが、長島彬CHO技術研究所所長が提唱するソーラーシェアリング（営農型太陽光発電）です。農地に支柱を立て、農地で耕作しつつ約3メートル上空で太陽光発電を行うもの。植物には種類ごとに光飽和点という光の量の上限があり、遮光しても日照不足の心配はなく、次のような7つのメリットがあります。

①農業収入と売電収入で農家の収入が10倍になる。

②海外の農産物との価格競争を戦える。

③若者が農村に戻り後継者問題が解決する。

④豊かな自然環境の中で子育てができ、少子高齢化や年金問題が解決する。

⑤都会から流入する若者文化と、農村の伝統が融合し新たな文化創造ができる。

⑥地域分散型の経済構造への転換が期待できる。

⑦砂漠の緑化によって食糧・エネルギー・貧困問題が解決し戦争がなくなる。

私はこれを「一石七鳥」として、機会があるごとにアピールしています。

ソーラーシェアリングを日本の農地全体に設置すれば、原発1840基に相当するエネルギー自給体制が完成します。安全保障が飛躍的に高まり、外国に支払っている年間25兆円の化石燃料代が農家の収入になり、地域から経済が大発展するのです。

「仕事おこし・まちづくり」の協同組合「ワーカーズコープ（日本労働者協同組合連合会）」

の永戸祐三前理事長も、ソーラーシェアリングに高い関心を寄せてくれ、ちょっと話しただけですっかり意気投合しました。ちなみに、ワーカーズコープとは、働く人や市民がみんなで出資し、民主的に経営し、人と地域に役立つ仕事をおこし、「協同労働」という新しい働き方を提案する協同組合で、全国で5万人の方々が働いています。永戸さんをはじめ、素晴らしい方々が、和気あいあい、生き生きと働いており、私も、連合会の理事や日本社会連帯機構の副理事長を仰せつかっています。

小田原かなごてファームの完成披露式であいさつする小泉元首相＝ 2016 年 11 月

千葉県匝瑳《そうさ》市のメガソーラーシェアリングの落成式（17年4月）には細川護熙、小泉純一郎、菅直人の元首相が出席し、自然エネルギーの普及活動の中でも大きな動きとなっていますが､協力者は他にもいます。

たとえば資金協力を申し出てくれたＳＢＩエナジーの中塚一宏社長は、原発事故当時に金融大臣として活躍された方。モジュールを提供したＷＷＢ株式会社の龍潤生社長は、福島原発事故発生時に世界最大の重機会社である中国の三一重工のトップに直談判して上海から巨大な給水ポンプ車を運び、燃料プールに給水して日本を救った恩人です。

神奈川県内でも、合同会社小田原かなごてファームが耕作放棄地に太陽光パネルを設置し、サツマイモ栽培を開始しました。代表業務執行社員の濱田総一郎さんは株式会社パスポート（川崎市宮前区）社長で、スーパーや飲食店などを展開する敏腕経営者。鹿児島県に薩摩自然エネルギー合同会社を設立し、「平成25年度新エネ大賞経済産業大臣賞」を受賞されるなど、太陽光発電事業の分野においても全国で活躍しています。

また、小田原の老舗・鈴廣かまぼこ株式会社の鈴木悌介副社長は「エネルギーから経済を考える経営者ネットワーク会議」を創設。鈴廣グループの電力を地元の再生可能エネルギーを利用した新電力に切り替え、「反対運動ではなく新しい現実を創る」というスタンスで精力的に活動しています。

ただ、ソーラーシェアリングの導入にあたっては、長期にわたる営農継続が大きなポイントであり、特にメガソーラー規模の案件になると地権者、耕作者、電力事業者の大規模な連携が必要になります。また現金収入の少ない農家は金融機関から融資を受けるのが難しいという事情もありますが、信用金庫としては、関係者の方々がその地域に抱く熱い思いなど、数字に表れない部分を評価して、地域の発展に役立つ事業を積極的に支援していくことが重要だと考えています。

城南信用金庫は、こうした観点から、地域における連携プロジェクトの組成や耕作支援、様々な独自のファイナンス・スキームの構築などを通じて、今後もソーラーシェアリングの普及を全力で支援していくつもりです。

原発ゼロとソーラーシェアリングの普及に取り組む仲間には、他にも、各種コンサートやアースデーの事務局長などを務めるイベント制作オフィス、アースガーデンの鈴木幸一さん、千葉大学の公共政策学の講師で、農業振興と太陽光発電のコンサルタント会社である千葉エコエネルギーを起業した馬上丈司さん、千葉県匝瑳市で有機農業を営む東光弘さんと椿茂雄さん、鈴木悌介さんとともに小田原で原発ゼロ・環境運動に取り組む小山田大和さんらがいます。民間ばかりではなく、奥原正明農水事務次官ら農林水産省の理解や協力も得て、今やソーラーシェアリングの認可件数は全国で1000件を超えました。

私も2017年3月に『週刊金融財政事情』に論文を寄稿し、また全国で講演会を実施してきましたが、そうしたセミナーでお会いする機会があった安倍昭恵さん（安倍晋三総理夫人）、石破茂衆議院議員にも説明し、詳しい資料を差し上げました。

今や全国の信用金庫や地方銀行も、「地方再生の切り札」として、ソーラーシェアリングに熱い視線を寄せるようになってきましたが、ソーラーシェアリングなどを全国に普及するためには、啓蒙活動だけでなく、実際に事業資金を供給しなければなりません。そこで城南信用金庫では「城南エナジー」という自然エネルギーを推進する会社を設立しました。そして環境エネルギー政策研究所やパスポートなどと協力して、自然エネルギーを拡大しようという志のある市民の方々を応援するために、太陽光や小水力、バイオマス、風力などの新しい分野に対して積極的な資金供給を開始しました。

原自連で原発即時ゼロ実現へ

2017（平成29）年4月14日、小泉、細川元首相が顧問を務める「原発ゼロ・自然エネルギー推進連盟」（原自連）が発足し、私が会長に就任することになりました。

東日本大震災後に伴う福島第一原発事故を受け、全国各地で原発ゼロや自然エネルギー推進に向けた活動が続けられています。私たちはそうした活動相互の連携が図れていないことが課題だと考え、国民的な運動に育て上げていくためには個別の活動に加え、全国的規模で一致団結し、お互いに連携協力していくことが重要であると考えたのです。

そのために思想や信条を問わず、原発ゼロと自然エネルギー推進を志すすべての個人や団体が集結する仕組みとして「原自連」の創設に至りました。

主なメンバーは河合弘之弁護士、中川秀直（元自由民主党幹事長）、飯田哲也（環境エネルギー政策研究所所長）、佐藤弥右衛門（全国ご当地エネルギー協会会長）、下村満子（元朝日ジャーナル編集長）、加山リカ（精神科医・立教大学教授）、慶応大学名誉教授の福岡正夫先生と島田晴雄先生（首都大学東京理事長）、金子勝（慶応大学教授）、古川享（慶応大学教授・元日本マイクロソフト会長）、原田博夫（専修

「原発ゼロ・自然エネルギー推進連盟」（原自連）会長として「原発ゼロ・自然エネルギー基本法案」を発表＝2018年１月10日　右から小泉純一郎元首相、河合弘之幹事長･事務局長、筆者、細川護熙元首相　衆議院第１議員会館

大学教授）、楠達史（元日本興業銀行・Abalance独立社外取締役）、小宮武夫（元三和銀行部長）、鹿島春平太（明治学院大学名誉教授・宗教社会学者）、柳田真（タンポポ舎共同代表）、吉岡達也（ピースボート共同代表）永戸祐三（ワーカーズコープ連合会理事長）、木村結（社会運動家）、栢沼雄二（城南信用金庫企画部長）らで、様々な立場から自然エネルギーの推進に取り組む活動を続けています。協賛企業も、城南信用金庫、パルシステム生活協同組合連合会、生活クラブ事業連合生活協同組合連合会、株式会社カタログハウス、ワーカーズコープ連合会、パタゴニア日本支社、WWB株式会社、株式会社サンコーなど多数に上ります。

発足から1年の原自連では、自然エネルギー事業者に対する「空き容量ゼロ」を理由とする系統連係（受電）拒否をやめるよう強力に指導することを2017（平成29）年12月26日に資源エネルギー庁と電気事業連合会に申し入れ、脱原発の実現や自然エネルギーの普及につながる継続的な取り組みを顕彰する「脱原発大賞」や「自然エネルギー大賞」（2019＝平成30＝年3月7日入賞者発表）を創設しました。

原自連の発足会見の際、小泉顧問は「国民全体で原発を止めていこうという強いうねりが起きているのを実感している」と強調され、その上で「いずれは国政選挙においても脱原発が大きな争点になる時が来る」と力を込めました。

そのための第一歩として2018（平成30）年1月10日、原自連は衆議院第1議員会館で記者会見を開き、「原発ゼロ・自然エネルギー基本法案」の骨子案を発表しました。稼働している原発の即時停止や再稼働禁止などを盛り込み、自民党を含めた全政党に賛同を呼びかけ、通常国会で超党派による法案提出を目指すためです。

小泉顧問はこの会見で、安倍晋三首相のこれまでの言動を踏まえ「安倍政権で原発ゼロを進めることは難しい。自民党は公約では『原発依存度低減』と言いながら、これからも基幹電源にすると言っている」と批判しました。その一方で「仮に立憲民主党が政府をただしたら、自民党もうかうかしていられない。原自連の活動は国政に大きな影響を与える」と述べ、法案審議が国民的な議論を喚起するだろうとの見解を示しました。

会見後、私たちは立憲民主党の会合に出席して骨子案を説明しました。立憲はすでに独自の原発ゼロ法案提出を目指していますが、党派を超え、原自連とも連係して国民運動をしたいという意思を確認することができました。共産党は「百パーセント賛成する」と言ってくれました。そして、希望の党、社民党、民進党はもちろん、自民党内にも、脱原発を訴える議員は少なくありません。

正しい情報発信を続ける

「原発即時ゼロ」に反対する人たち、あるいは「2030年までにゼロ」と言って問題を先送りにしようとする人たちは、原発即時ゼロが日本経済に大きなマイナスになるという「デマ情報」を鵜呑みにしているのだと思います。原自連としてはこうした「デマ情報」に汚染されている、財界、大企業の会社員、若い大学生などを味方につけていく必要があります。

　根拠はいくらでもあります。

まず、自然エネルギーに全面転換したら、設備投資額はどのくらいになるでしょうか。太陽光発電設備が1KW15万円とすると1GWは1500億円。現在の原発50基分＝50GWでは7兆5千億円の設備投資が発生し、ケインズの乗数効果によれば、経済全体に波及する効果はこの数倍になります。

講演やシンポジウム、著書を通じて「脱原発」を訴える筆者は2012年４月に『原発ゼロで日本経済は再生する』（角川学芸出版）を出版

仮に4倍だとすると、30兆円のGDP増加要因になり、6％成長につながります。GDPが6％成長すれば、税収は30％増加して15兆円の税収増になり、財政健全化にもつながります。原発を再稼働しても、こうした効果は全く見込めません。

原発を新設しても、安全対策や廃炉費用、使用済み核燃料保管など、膨大なコストがかかるだけ。まったく採算に合わない話です。経済学者で原発賛成の人など一人もいません。「原発即時ゼロにすると電力会社や銀行が破たんする」というもっと「悪質なデマ」もありますが、金融マンに言わせれば「お笑い」です。

彼らの論理は、即時ゼロにすると、原発施設、使用済み核燃料の資産価値がゼロになり、電力会社が債務超過になる。そうなると、そこに資金提供している銀行の貸付金も、不良債権としてゼロになり、両者は経営破たんする、というものです。

しかし原発を即時停止しても、会計上の特例措置を講じれば、ただちに「資産価値ゼロ」とみなす必要はありません。それにこれらの施設は「減価償却」の対象なので、何十年か後には、自動的に資産がゼロになるだけです。

電力会社も銀行も長い期間をかければ、黒字を維持したまま、原発の資産をゼロにすることができるので、経営破たんといった問題は生じません。処理すべき原発関係の資産価値はせいぜい十兆円ですが、かつての国鉄民営化の際には37兆円、またバブル崩壊では110兆円というもっと巨額の不良債権を処理してきたのです。

原発がある地域では、即時原発ゼロにすると、地域経済が保てない、というデマもあります。しかし廃炉には、最短でも40年はかかる。その間、廃炉作業のために莫大な資金が必要になり、雇用も発生し、地元経済は安定的に推移します。

その間に自然エネルギーなどの新たな産業を起こせばよいし、原発用の高圧電線は、自然エネルギーを都会に販売するためのインフラとして有効活用できます。

自然エネルギーは地産地消であり、必然的に地方の活性化を促しますが、これを首都圏などに送れば、多額の収入が地方に入り、これまでの首都圏一極集中、大企業主導型の経済構造から、先行するドイツやデンマークのように、地方中心、国民主導型による日本全体の均衡ある経済発展が実現できるのです。

どうしてこんな明快なことが分からないのでしょうか。

成年後見で細やかな地域貢献

ここまで脱原発活動に多くの紙幅を割いてきましたが、そもそも信用金庫は社会貢献のための公益事業です。ここからは少し目先を変えて、城南信用金庫がいま取り組んでいる、あるいはこれから力を入れていこうとするテーマについて書いておきます。

高齢化社会に突き進んでいる昨今、店頭でひとり暮らしの高齢者の方から、もしもの際には資産をどうすれば良いのだろうかといったご相談を受けることが増えました。そうした高齢者を見守るというとおこがましいかもしれませんが、店舗での手続きの際などに認知症の気配を察知することも大切だと考え、通帳の紛失を繰り返すような場合は、ご家族やご親族に確認することもあります。ところが、ひとり暮らしや高齢のご夫婦だけの世帯では対応が難しく、そうなると成年後見制度の利用を進める必要が生じます。

成年後見制度とは、精神上の障害（知的障害、精神障害、認知症など）によって判断能力が十分ではない人が不利益を被らないように家庭裁判所に申し立てて後見人を選任する制度です。たとえば、一人暮らしの高齢者が、悪質な訪問販売員に高額な商品を買わされるというケースでも、成年後見制度を利用して被害を防ぐことができます。

ところが、制度自体があまり知られていない上に手続きが煩雑。おまけに選任された後見人による財産の不正使用などの問題が後を絶たず、せっかくの制度の良さが生かされていませんでした。

そこで私たちは、成年後見制度の普及と充実を図るためには、金銭管理のノウハウを有する金融機関が成年後見を行うべきとの考えから、２０１５（平成27）年1月、東京都品川区内に店舗を有するさわやか、芝、目黒、湘南、城南の５つの信用金庫により「一般社団法人しんきん成年後見サポート（ＳＫサポート）」を設立しました。設立に当たっては、品川区の名誉区民であり、品川区社会福祉協議会の会長であったさわやか信用金庫の石井傳一郎名誉顧問や堀口哲彦理事長が全面的に協力してくださいました。

成年後見業務は、被後見人の通帳や印鑑の管理、キャッシュカードの保管や預金の払い戻しなどで、一般的には親族が、そうでなければ弁護士や司法書士などの個人が後見人となって行われます。ところが第三者の目が行き届きにくいため、持ち逃げや使い込みなどが少なからず発生してきました。個人の知識や経験を超える想定外の出来事への対応は難しく、３６５日24時間、業務を行うこともできません。

そこでＳＫサポートでは、信用金庫のＯＢ・ＯＧを成年後見スタッフとして活用することにしました。長年、地域で働いてきた経験から親身な対応が可能で、金融実務の知識も十分にあるからです。

中には通院や検査に付き添ったり、菩提寺へ永代供養の申し込みに行ったり、介護施設への入居を手伝ったりしたケースもありますが、被後見人に寄り添った対応ができるのも、信用金庫という社会貢献性の高い金融機関であるがゆえ、と自負しています。

家族信託の普及にも注力

信用金庫が成年後見制度をサポートしようという動きは沼津や花巻など各地に波及しつつあり、今後の高齢者福祉施策の大きな柱となることが期待されています。

サポートスタッフの話で印象的だったのは、80歳の女性スタッフの方が一回り以上年下の認知症の男性のお世話を楽しそうにされていたこと。「この年で人のお役に立てるのはうれしい」と話していましたが、助け合う、支え合うことで人は喜びを感じられるのです。協同組織金融機関である信用金庫は、株主の利益を目的とする銀行とは異なり、「地域社会発展への奉仕」を掲げた「公共的な使命」を持つ金融機関です。社会貢献意識も高く、今後はSKサポートのような仕組みが各地に広がっていくと思われます。

ただ、成年後見制度は完璧な制度ではありません。SKサポートではスタッフが2人体制でトラブル回避に努めていますが、国でも「後見制度支援信託」という仕組みを導入しました。日常的な少額の出費以外の資産を信託銀行に預けるのですが、その資産を使う場合は、家庭裁判所の承認が必要になるので、使い勝手は良くありません。

そこで最高裁判所と日本弁護士連合会から相談を受け、「しんきん成年後見サポート」で利用しやすい金融商品の開発を進めました。

手続きに手間の掛かる信託ではなく、使い慣れた預金商品で安全性を担保すること。そこで、日常的な生活費などを管理する小口の預金口座と、財産のほとんどを預け入れる大口の預金口座の2つを持ち、小口は後見人のみで、後者は後見監督人などの許可も要するなど、安全性と利便性を兼ね備えた商品を設計しました。

それを2016（平成28）年11月、内閣府の成年後見利用促進委員会で提言したところ、高い評価が得られ、17（平成29）年3月24日、この商品案が盛り込まれた「成年後見制度

成年後見制度や家族信託についてのセミナーや講演も積極的に行う筆者＝2015年10月　明治学院大学

の利用の促進に関する法律に基づく成年後見制度利用促進基本計画」が閣議決定されました。それが同年3月に城南信用金庫やさわやか信用金庫、目黒信用金庫、芝信用金庫などで取り扱いを始めた「成年後見サポート口座」で、いわゆる「認知症高齢者をお守りするための専用口座」です

大口預金から引き出す際は複数人の署名捺印が必要となる仕組みで、実務の最前線に立つ信用金庫だからこそ、思いついたアイデアです。

こうして、成年後見制度の普及に努める過程で、家族信託の権威である遠藤英嗣弁護士と知り合い、セミナーや啓蒙《けいもう》書の作成をお手伝いするようになりました。

家族信託は信託銀行が手掛ける商事信託と違い、加齢などで判断能力が低下した時や死後にご家族が安心して暮らすためのもので、成年後見制度や遺言で対応できない範囲をカバーするためのものです。

成年後見制度では、認知症になってから後見人を決める必要が生じると、家庭裁判所が弁護士らを選ぶことが多く、財産を巡って親族と意見が対立する可能性があります。

一方で、家族信託なら信頼できる家族に財産を管理してもらえますが、遺言、相続、成年後見人などの実務に通じ、家族信託を設計できる人材が少ないという課題があります。

私も『週刊金融財政事情』（２０１６年７月４日）に論文を書くなど、普及に努めていますが、金融知識を通じて高齢者福祉に資する人材の育成は、金融機関の務めでもある。そうした思いを、慶応の同期で親友の草壁悟朗川崎信用金庫理事長、三村智之神奈川銀行頭取、ＳＫサポートの会員に参加された湘南信用金庫の石渡卓理事長らとも共有しつつ、地域に貢献できる金融機関として、さらに精進していきたいと思っています。

本物のダイバーシティを推進

「ダイバーシティ＆インクルージョン」とは、誰もが尊重され、活躍できる社会をつくること。女性や高齢者、外国人、性的少数者（ＬＧＢＴ）、障害者も含めた全ての人が幸せに暮らせる社会をつくることです。

これこそ協同組織が目指すものだと考えた私は、城南信用金庫内に「しらうめ女子委員会」を立ち上げました。人事担当の小泉博美副理事長（当時）を中心に勉強会を開き、融資業務やリーダーシップ論、マネジメントなど、これまで女性が経験してこなかった業務知識や心構えなどを学べるようにしたのです。

日本の金融界に女性の役員が少ないのは、男性的な猛烈主義や成果主義を評価する男性

産学連携協力に関する協定を締結した坂東眞理子
昭和女子大理事長と筆者（左）＝2013年6月

的価値観が根強く、一部の女性にしか昇進のチャンスが与えられなかったからです。

こうした価値観そのものを変えていくのがダイバーシティであり、普通の女性が組織の中核で当たり前のように活躍できるようにすることが大切です。

典型例として「女性は融資を知らないから支店長は無理」と言われてきましたが、根拠のない偏見で、むしろお客さんの評判は良いことが多々あります。

その結果、城南信金の女性役員は安田三千代副理事長、宮島いみ子専務理事、弁護士の亀井時子先生の３人となり、理事会でも女性の視点ならではの貴重な意見が出され、議論も活発になり、大活躍中です。

さらにハンディのある人やシングルマザー、ＬＧＢＴの人も差別なく活躍してもらえるよう、２０１７（平成29）年に一般職員も参加するダイバーシティ推進委員会を設立、東京都の働き方改革宣言、経済産業省のダイバーシティ１００企業への応募などを通じて、働き方改革などを積極的に提言、推進する「城南働き方大改革」を実行中です。

具体的には、知的障害者の作業所の設置、育休の3年間への拡大、保育所の設置、長時間労働の削減、年次有給休暇の取得促進をはじめ、「子育て・介護コンシェルジュデスク」を設置して職場と家庭生活の両立を応援するほか、育児フォーラム、職場復帰セミナー、イクメンセミナー、介護セミナーなどを実施しています。

一方、昭和女子大学（東京都世田谷区）の坂東眞理子理事長と相談して寄付講座を開設、昭和女子大ダイバーシティ推進機構が運営する女性のためのビジネススクール「キャリアカレッジ」に城南信金の女性職員を毎年2人派遣し、マネジメントなどを本格的に勉強してもらっています。

さらにダイバーシティ推進機構より、研究員として参加してもらいたいと指名された女性職員1人を大学に派遣し、専門家の先生方と一緒に研究活動に積極的に参加していますが、城南の女性職員は知識や分析、プレゼンテーションなどの能力が高く、現場の視点からの意見は独自性があり貴重だと高く評価されています。

こうして職場の活力を上げることこそ、城南信金がめざす「金融機関の枠を超えたお客さま応援企業」の実現につながるものと確信しています。

気をつけなければいけないのは、ダイバーシティとは、女性の活躍推進だけではなく、全ての人が等しく尊重される社会の実現です。その意味では、生産性の向上といった、企業サイドの観点から考えること自体が間違っているような気がします。企業は社会的、公共的な使命をもっていて、社会的弱者が幸せに暮らせるように努力する社会的責務があります。その一環として、女性や高齢者、ハンディのある人、ＬＧＢＴ、シングルマザー、外国人など、マイノリティが笑顔で活躍できるよう、従来の価値観を改める努力をすべきです。私たち信用金庫は協同組織企業であり、まさにダイバーシティを目的とした企業です。そのために、やることは無限にあるのです。

コーポレートガバナンスは正しい経営のため

いわゆる「コーポレートガバナンス」は、企業の不正行為を防止し、企業の目的実現のために、正しい企業経営を行う仕組みのことで、「企業統治」といわれることもあります。

ところが最近、コーポレートガバナンスというと、「株主の意向を100％反映すること」「利益を少しでも多くすること」という「攻めの経営」を求める議論にすり替えられています。利益を上げて、もっとたくさん配当しろ、という主張が見え見えです。

これは「企業は利益を最大化して配当として還元すべきである」というアメリカの新自由主義経済学者で、ノーベル経済学賞を受賞したシカゴ大学のミルトン・フリードマンの考え方で、彼は「企業が社会貢献などする必要はない」と主張しています。しかし、ドラッカーなど世界の正統的な経営学者によると、社会的な存在である企業は、こうした偏狭な考え方で経営してはならないのです。

企業は理想を掲げ、新たな文化を創造し、皆が幸せになる社会を形成していくべき存在であり、そのための「政治システム」が必要です。この政治システムこそ、真のコーポレートガバナンスです。昨今、安倍政権を取り巻く「経済財政諮問会議」の学者たちが言うような「株主のための利益の最大化」を目指す手段などではあり得ないのです。こうした観点から、私は、その当時2年間にわたって毎月連載していた日経ビジネスの「賢人の言葉」のコーナーに「株主主権論は政治学的にも誤りであり、日本的経営をグローバルスタンダードにせよ」という論点で寄稿しました。

すると、それを見たフジテレビが「新報道2001」に出演してもらいたいと要請してきたので、私は、デービッド・アトキンソン氏とともに論陣を張り、アメリカの正統的な経営学でも彼らのような考え方は邪説であり、間違っていると完膚なきまでに論破しました。アトキンソン氏は英国出身の金融アナリストで、ゴールドマン・サックスで活躍した方です。日本の文化財の専門家でもあり、日本政府観光局の特別顧問を務め、小西美術工藝社社長として経営の建て直しに取り組んだ優れた経営者でもあります。

たとえば、相談役や顧問制度について、欧米の株主から批判がなされることが増えてきました。欧米の株主にとっては、企業文化や理念など、長期的な観点から経営者にアドバイスを与える相談役や顧問は、自分たちが有利になる、目先の配当拡大にとって、目障りな邪魔者だからです。しかしそれは間違っています。

優れた政治システムである英仏の政治を見ると、上院や元老院を設置し、長年国会議員を務めたベテラン政治家を配して、下院や国会の若い議員に対して、経験を踏まえた立場から意見を述べさせるようにしています。国家の運営に歴史的な一貫性を持たせ、経験不足による軽率な判断を防ぐことが大切だからです。

企業においても、相談役や顧問を配置することで、こうした元老院のような役割を持たせることが大切です。それも複数の相談役や顧問を配置することで、偏らない重厚な議論が行われ、適切な意見を述べることができるようになります。

商法上の規定のないポジションですが、城南信用金庫のように任期、待遇、権限を適切に定めれば、トップの暴走を防ぐことを含めて、コーポレートガバナンスの上ではとても有効な存在です。

いずれにせよ、株主の暴走を防ぐための株式持ち合いなども含め、本来のコーポレートガバナンス、つまり「株主利益の拡大」ではなく「正しい経営」という観点から考えると、日本型経営には高く評価すべき点が多いということ、そして外国の経営学者の間では今でも日本的経営が注目の的であることを、日本の学者はよく考えていただきたい。外国株主やその代弁者である経済財政諮問会議などの誤ったプロパガンダに迎合し、わが国の進むべき方向を誤らせないでいただきたいと思います。そもそも日本的経営とは、協同組合のルーツであるイギリスのロバート・オーウェンがマンチェスターで実践した経営手法であり、世界的な広がりを見せた優れたものなのです。

企業経営のあり方を考える時、ＣＳＲ（社会的責任）は大切なテーマです。しかし、政府が原発推進などの反社会的で自分の利益ばかりを考えた政策を展開している時、一企業としてどう対応するかはとても難しい問題です。

ＣＳＲがそのまま反政府運動になってしまうのは困ったことですが、企業としての誇りを考えれば、どちらを優先すべきかは明らかです。私はそれをモスバーガーのスローガン「損得の前に善悪で考えることが企業の取るべき道である」から学びました。

本来の日本への回帰

最近は脱原発運動を推進する「生長の家」の講師として「生長の家栄える会（中小企業の会）」の神谷光徳名誉会長とともに、講演のために全国を回っています。

生長の家の谷口雅宣総裁はコロンビア大学卒。自然科学などにも造詣が深い博識な方で、自然エネルギーの大切さや環境保護を主張されており、共感するところが少なくありません。

私は日蓮宗の檀家《だんか》に生まれ、日蓮聖人の迫害に負けない不撓《ふとう》不屈の精神に感銘を受けて育ちました。現代人の大多数は無宗教だと言いますが、実は経済的な利益に固執する拝金教にとらわれており、その意味で今こそ正しい宗教が必要だと思います。

城南信用金庫に入職当時は同期の安藤恵二、山藤公一、後輩の藤井昭と小原鐵五郎会長の菩提寺の仏母山摩耶寺（目黒区）に集まり、今後の金融界はどうなるかという勉強会を

顧客企業を応援するため、ブライトピック（綾瀬市）の志澤勝社長＝当時＝（日本養豚協会会長）と黒岩知事（中央）を訪問した筆者（左）

続けていました。摩耶寺も日蓮宗で、小原会長の月命日には今もご住職が本店で法要を営み、役員全員で焼香しています。

講演では、プラトンは自由の名のもとに欲望にとらわれたアテネの市民を批判し、経済人類学者のカール・ポランニーは「近代社会は経済の暴走社会」だと嘆き、アダム・スミスは「国富論」で「株式会社が増えるのは国家社会にとって好ましくない」と批判した話をしています。ニーチェのニヒリズム、デュルケームのアノミー、オルテガの大衆社会批判などを見ても、近代社会は、株式会社や資本主義、お金の暴走によるさまざまな問題が生じています。近代社会批判こそ、欧米思想における最大の課題であり、こうした近代社会の様々な問題を解決するために、私たち協同組合は生まれたのです。

古い話はともかく、敗戦国日本がものづくりに励んで高度経済成長を遂げたのは、戦後の財閥解体後、銀行がメインバンクとして企業を長期的な視点から支援した成果でした。ところが1970年代以降、米国が日米の貿易不均衡を金融自由化にすり替えて金融市場を開放させると、日本企業は外国資本に買収され、企業離れで窮地に陥った日本の銀行はバブルに走り、その後、長い経済の低迷を招きました。

米国でも一部の大富豪に富が集中して中産階級は没落し、デフレ不況、原理主義、戦争という悪循環が世界にまん延しています。

原発の歴史にも、ロスチャイルドやロックフェラーなど、グローバル経済を主導し、自由主義という美名のもと、世界経済を支配してきた外国の巨大財閥の影が見え隠れしていますが、日米安保条約と地位協定、原子力協定などをみれば、日本には憲法が及ばない領域があり、独立国とはいえない状態です。

近年、明治維新は薩摩や長州の背後にいたグラバーやジャーディン・マセソン商会など英国の金融資本と、パークスやアーネスト・サトウなど英国政府による巧妙な日本支配だったとみる研究もあり、太平洋戦争後はそれが米国資本に変わっただけなのかもしれません。最近ではいわゆる「薩長史観」への疑義や批判を込めた歴史書が、多く刊行されるようになっています。

物質的には豊かになったが、唯々諾々と英米の指示に従ううちに、政財官界ともに、自己保身を優先し、エリート層が小粒化し、リーダー不在となったのが近代日本の真の姿ではないのか。今こそ武士道を重んじた江戸時代の良さを見直し、本来の日本を取り戻すべきではないか。そう考えて徳川家康公ゆかりの岡崎信用金庫の大林市郎会長が中心となり、会津など8信金が結成した「徳川方信金連盟」に参加しました。今後、さまざまな関係強化を図っていきたいと思っています。

第四章　私の原点　経済で人を幸せに

綱島の桃　祖父が拡販

私の生まれは東京都大田区蒲田ですが、父の実家の吉原家は、綱島（横浜市港北区）で桃農家を営んでいました。屋号を「太郎右衛門」といい、曽祖父の浅次郎が7代目と伝わります。

浅次郎は鶴見川の氾濫に苦労しながら家業の農業に従事する一方、測量技術を学んで東京横浜電鉄（現東急東横線）の開通に伴う測量や分筆登記を引き受けていました。孫に当たる父たちは、カラス口を使って作図をする浅次郎の姿を物珍しく見ていたそうです。浅次郎の娘ヤエの婿養子となったのが、祖父の義介《よしすけ》で、生家の田村家は武蔵国橘樹《たちばな》郡梶ケ谷村の名主を務めていました。義介の実父義員《よしかず》は1874（明治7）年、大区小区制度が敷かれると、神

綱島の名産として知られた「日月桃」。筆者の父方の祖父が販路拡大に尽力した（池谷聡さん提供）

奈川県五大区（現在の川崎市の一部）の区長に就任し、後に郡役所の書記となりました。弟の都倉義知も宮前村（現川崎市宮前区・高津区の一部）の村長を約40年務め、代々伝わる田村家文書は『川崎市史』編さんに際し、資料として使われたそうです。

義員は義介が15歳のときに亡くなり、義介は苦学して教員資格を取って教員になりました。そして、浅次郎の妹が都倉家の後妻になった縁から、吉原家の婿に迎えられたのです。婿養子ではありましたが、生家が名家であるという自負からか、吉原家の養父母に遠慮するところは全くなかったとか。長身で面長の痩せ形、口ひげを伸ばした古い写真は、米国大統領のリンカーンを連想させます。

義介は、忠孝、忍耐、質実剛健を絵に描いたような人物で、頭が良く弁が立ちました。子どもたちを厳しく育てましたが、妻に先立たれるときは「子どもたちのことは心配するな」と枕元で切々と言い聞かせたそうです。義介の三男である私の父良吉は、そのときの姿をよく覚えており、実際、その後の義介は子どもたちに優しく接するようになったといいます。

義介は吉原家に入ったのを機に、現在の綱島地区センター（港北区綱島西）の辺りにあった大綱村立第三小学校の教員となり、校長になると夜間も学校を開いて若者の教育に努めました。さらに北綱島町会長、消防団の部長、地元の長福寺の総代、方面委員（現在の民生委員）なども歴任し、地域で一目置かれる存在になっていきました。

その頃、綱島では１９０７（明治40）年に綱島の名家として知られる池谷家の当主であった池谷道太郎さんが生み出した桃の新種「日月桃《じつげつとう》」の栽培が盛んになっていました。

農業にも関心が高く、池谷さんと親しいこともあって、綱島果樹園芸組合の２代目組合長となった義介は、生育期間がとても短い極早生《ごくわせ》という日月桃の特長を生かすため、東京横浜電鉄の貨車輸送、次いでトラック輸送を導入し、日月桃の販路拡大に力を尽くしました。

綱島が「東の神奈川、西の岡山」と並び称される桃の一大産地となった背景には、洪水に強い桃で安定収入を得るため、果樹組合をつくって効率的な収穫や出荷に努めた、綱島の桃農家の助け合いの精神があったように思われます。

草創期の信用組合に関わる

綱島の桃栽培に功績があった父方の祖父・吉原義介は私が生まれる６年前に亡くなってしまったため「祖父」というと母方の西山祐造が思い出されます。西山家は蒲田（東京都大田区）で江戸時代から続いた梅農家でした。

京浜急行の京急蒲田駅と梅屋敷駅の真ん中あたりにある円頓寺は、後北条家の家臣で大

蒲田信用組合の組合長と城南信用金庫の常務理事を務めた、筆者の母方の祖父・西山祐造

田区南部の六郷や川崎大師河原の領主だった行方弾正直清の館跡といわれています。その円頓寺の西横にあった西山家は「横の家」と呼ばれ、私の生家もすぐそばでした。

蒲田は古くから梅の栽培が盛んでした。京浜急行の駅名にもある「梅屋敷」は19世紀前半、大森で和中散という旅の常備薬を売っていた山本久三郎が北蒲田村に売薬所を開き、敷地内に梅の名木を集めて植えたのがルーツ。やがて茶屋が開かれ、蒲田は江戸有数の梅の名所として知られるようになりました。

歌川広重の浮世絵にも描かれた「蒲田梅屋敷」は、江戸幕府第12代将軍の徳川家慶の鷹《たか》狩りの休憩所になり、明治天皇が9回も行幸されました。その後、第1京浜国道の拡張や京浜急行線の開通で園地が縮小され、往時の面影は失われましたが、１９３９（昭和14）

年に「聖跡蒲田梅屋敷公園」となり、現在は大田区が管理しています。

蒲田の梅農家の中には梅の実を売るだけでなく、東海道を往来する人々に梅干し、梅びしお、和中散などを売る農家があり、西山家は梅見客を相手の茶屋、今でいう観光梅園のようなものを営んでいました。

1890(明治23)年生まれの祐造が書き残した記録によると、その頃には梅から切り花栽培に転じ、畑には花、田んぼには菖蒲《しょうぶ》を植えていました。仲買人に卸すだけでなく、籠を担いで売り歩いたり、得意先で花を生けたりもしました。

祐造の父の庄太郎はトラコーマを患い、目の前で動かす指先がやっと見える程度で農作業はできず、祐造と弟の正義や信男は祖父の亀五郎に仕込まれ、花農家の仕事を切り盛りしました。

1902(明治35)年、京浜電気鉄道(現京急)の蒲田―穴守間が開業すると、穴守神社への参詣客が増え、現在のあやめ橋付近に開園した「蒲田菖蒲園」が大いににぎわい、菖蒲の切り花がよく売れました。

祐造は20歳で徴兵検査を受け、習志野の陸軍騎兵連隊に入隊し、今上天皇の大叔父にあたる朝香宮鳩彦王殿下と一緒に演習したそうですが、成績優秀であるとして2年で除隊となり、家業に専念しました。その頃、父庄太郎は蒲田村役場の収入役や村議会議員、消防の組頭、地元の円頓寺や稗田神社の筆頭総代などを務めており、祐造は多忙な庄太郎を助けながら、法律や行政の知識を身につけていきました。

庄太郎が蒲田信用組合の創立委員や理事を務めていたため、後年、祐造も蒲田信用組合の組合長を経て、城南地区の信用組合が合併してできた城南信用金庫の常務理事になりました。曽祖父や祖父が草創期の信用組合に関わったことが、現在の私の原点となっているのだと思います。

祖父が信用組合長に

東京23区の中で最南端に位置する大田区は、かつてはひなびた農漁村でしたが、大正時代に多くの工場が進出し、京浜工業地帯の一部となりました。

例えば、日本初のかな文字タイプライターを開発した黒澤商店（現株式会社クロサワ）の創業者・黒澤貞次郎は1918（大正7）年、蒲田村に取得した2万坪（約6・6ヘクタール）もの土地に「吾等《われら》が村」を建設しました。

それは欧米で生まれた田園都市構想（職住接近の新たな都市形態）の実現を目指したも

ので、働く人たちのことを大切に考えて、工場のそばに従業員住宅、従業員住宅、プール、テニスコート、幼稚園や小学校などを備え、周囲からは「黒澤村」と呼ばれました。

翌19（大正8）年には高級磁器製造の草分けとなる大倉陶園（現株式会社大倉陶園）も、蒲田に工場を建設しています。

2016年に大ヒットした映画「シン・ゴジラ」では、謎の巨大生物が進化しながら大田区内の呑川《のみかわ》をさかのぼっていき、私が生まれた蒲田に上陸しました。映画では区内のJR蒲田駅東口などがロケ地となりましたが、蒲田と映画との関わりは1920（大正9）年にできた松竹キネマ蒲田撮影所（現大田区民ホール・アプリコ）に始まります。

36（昭和11）年に松竹大船撮影所（鎌倉市大船）に移転するまで、わずか16年の歴史しかあ

筆者が東京・蒲田に住んでいた頃、共に過ごした（左から）母方の祖母きみ、姉、兄＝1960年代

りませんが、蒲田といえば映画を連想する人が多いのは、日本映画の黎明《れいめい》期を支えたこの撮影所の存在が大きかったのだろうと思います。

この蒲田撮影所ができる4年前、私の母方の祖父・西山祐造は、綱島の吉原浅次郎の娘きみと結婚しました。私の父方の祖母ヤエの妹に当たります。

きみは久邇宮朝彦親王の夫人で、朝香宮鳩彦王《やすひこおう》の母である角田須賀子さまのお屋敷に奉公していたため、当時はまだ珍しかった西洋料理も得意で、甘党の祐造のために、よくプリンを作ってあげていました。

祐造は1923（大正12）年の関東大震災を機に花作りをやめ、蒲田小学校前に文房具店を開き、大いに繁盛しました。それを8年で閉め、推薦されて蒲田町副収入役となり、32（昭和7）年に荏原郡が東京府に編入され、新たに誕生した蒲田区の区議会議員選挙に立候補して当選しました。

その傍ら、父の庄太郎が創設に関わった蒲田信用組合の監事、理事を歴任し、39（同14）年に当時の組合長の森孫太郎さんの急死の後を引き継いで、組合長に就任しました。

この頃の蒲田には、後にその分野の草分けとなる高砂香料株式会社や各務クリスタル製作所（現カガミクリスタル株式会社）、船舶用ディーゼルエンジンの生産を始めた新潟鐵工所が進出しました。

華道や茶道などを教えて「蒲田女学校」と呼ばれた三省堂印刷所、東洋一の規模を誇った東洋オーチス・エレベータ（現日本オーチス・エレベータ株式会社）なども誕生し、「流行は蒲田から」といわれるほどにぎわったそうです。

両親の挙式前夜に大空襲

東京都大田区では関東大震災を機に宅地化が進み、昭和初期には松竹キネマ蒲田撮影所を中心にモダンな薫りを漂わせていました。

そんな時代に私の祖父・西山祐造が組合長を務めた蒲田信用組合は1938（昭和13）年、現在の城南信用金庫蒲田支店がある場所（大田区蒲田5丁目）に、鉄筋コンクリート造りの地上3階、地下1階の事務所を新築しました。

前年に日中戦争が始まっており、増加する戦費の一部に充てるため、全国の金融機関は国民貯蓄運動にまい進していました。

蒲田信用組合も例外ではなく、地元の町内会や職場に呼び掛けて預貯金の増強に取り組み、祐造の記録によると、44（昭和19）年2月には約1885万円に達したといいます。

筆者の生家前に立つ父良吉（右）と母文子＝1970年代前半、東京・蒲田

ところがその後、疎開する人が増えて預金残高は減る一方。しかも本土空襲が日増しに激しさを増していく中で、私の父良吉の結婚が決まりました。

父は19（大正8）年4月20日、綱島の吉原義介の三男として誕生しました。叔母が嫁いだ蒲田の西山家に下宿して中央大学に通っていましたが、学徒動員によって海軍に入隊し、訓練を終えた後、青島海軍航空隊の所属となり、海軍中尉として水上偵察機に乗っていました。

そんな先の見えない時代だけに、周囲の勧めもあって、西山祐造の娘で、東京府立第八高等女学校（現都立八潮高校）に通っていた文子と結婚することになったのです。祐造夫妻は実子に恵まれなかったため、祐造の弟の正義の娘で、幼い頃に生母と死別した文子を養女としていました。つまり、良吉と文子は、血縁はないものの、戸籍上はいとこ同士で、幼なじみでした。

45（昭和20）年、良吉が博多海軍航空隊に転勤することになり、その合間に結婚式を挙げるはずでしたが、挙式前夜の4月15日、「城南京浜大空襲」に見舞われ、大田区（当時は大森区と蒲田区）全域や川崎市で甚大な被害が出ました。文子は八潮の学校で一夜を明かし、良吉は蒲田の西山家で叔母や祖父母を防空壕に避難させ、懸命に消火に努めました。

その時、一家のあるじである祐造は空襲警報を聞くと家を飛び出し、蒲田信用組合に駆けつけ、降り注ぐ焼夷《しょうい》弾の中で消火活動に奔走しましたが、その間に西山家は焼け落ちてしまいました。一面の焼け野原の中で蒲田信用組合の建物だけが残っていたそうです。

良吉と文子は着の身着のままで博多へ向かい、そこで終戦を迎えました。

その後、帰京した良吉は日本鋼管（現ＪＦＥエンジニアリング株式会社）に勤め始め、西山家の土地の一部を分けてもらって家を建てました。そして長女、長男、次男の私が誕生したのです。

１９５５（昭和30）年に私が生まれた時、両親が考えた名前には古めかしい候補がいくつか挙がっていたようですが、見かねた祐造が尊敬する元首相の犬養毅から取って「毅」になったということです。

蒲田生まれ　綱島育ち

私が生まれたのは１９５５（昭和30）年２月８日。空襲で焼け野原になった東京・蒲田には次々と家が建てられていましたが、家と家とを隔てる塀はなく、出掛けるときも鍵をかけないのが当たり前。子どもたちは近所の家に上がり込み、ご飯を食べさせてもらったり、遊び疲れてそのまま眠ってしまったりすることも珍しくありませんでした。

舗装された道路もまだ少なく、オート三輪が砂ぼこりを上げて走り抜け、所々に残った粗末なバラックや空き地は、子どもたちにとっては〝聖地〟でした。今思うと、そうした空き地がない世の中はちょっと住みにくいように感じます。

生家近くの円頓寺の落慶法要で、稚児姿になった筆者（前列中央）＝1960年ごろ、東京・蒲田

私が育った昭和30年代の大田区には、ＮＨＫの朝の連続テレビ小説「ひよっこ」のよう

に、集団就職で上京した若者が続々と集まってきました。彼らは希望に燃えて青春を送り、やがて独立して町工場や商店を営むようになり、商工業が混在する蒲田は多様な産業が集積する町として発展していきます。それはまさに、映画「ALWAYS三丁目の夕日」のような世界でした。

私の生家は蒲田3丁目。母の実家の西山家（本家）のはす向かいにあり、私たち兄弟は毎日本家の風呂に入りに行き、祖父の祐造の膝の上で、どら焼きや氷砂糖をもらい、本家にあったテレビを見るのを楽しみにしていました。

本家の庭の池や近くの小川でザリガニが釣れましたが、5歳上の兄にザリガニで怖い思いをさせられたことがあるため、私は今でも甲殻類は苦手です。

お正月やお盆には父に連れられ、父の実家の綱島に遊びに行きました。大きなかやぶき屋根の農家が点在しているのが珍しく、田んぼでメダカを捕ったり、小川でフナを釣ったりしたことをよく覚えています。

綱島から、祖父の生家の田村家がある梶ケ谷（川崎市高津区）や、父の姉が嫁いだ礒辺家がある太尾や、父の弟が養子に行った飯田家がある小机（横浜市港北区）などにも遊びに行きました。東急田園都市線が通って沿線の宅地化が進んだ今も、起伏の多い梶ケ谷周辺には大規模な施設はなく、念仏講や頼母子《たのもし》講などの付き合いも一部に残っています。

農業や林業の被害を防ぐ「おいぬ様（オオカミ）」を祭る習慣もあり、農家の古い蔵や野菜直売所などに武蔵御嶽神社（東京都青梅市）のおいぬ様の護符が貼られているのを見掛けると、子どものころが懐かしく思い出されます。

綱島から鶴見川を渡った先、太尾の礒辺家も桃農家で、ミツバチで受粉させる方法を取り入れた功労者だと聞いています。遊びに行くとよく一升瓶に入れた蜂蜜をくれました。この礒辺家から鶴見の五神《ごのかみ》家に養子に行った辰雄は後に横浜市の助役になり、市長選挙にも出馬しました。その息子の五神真さんは物理学者で、２０１５（平成27）年に東京大学総長に就任しました。

小机の叔父飯田忠義は高等師範学校を卒業し、長年小学校の校長を勤めた優しい人で、退職後も道徳教育に力を注ぎ、各地の小学校を回って子どもたちに声をかけたり、先生方の相談相手になっていました。綱島まで一人で行き来できるようになると、東急東横線多摩川園前駅（現多摩川駅）での乗り換えに神経を使いました。その駅前にあった多摩川園の遊園地は憧れの場所で、家族で遊びに行くのが楽しみでした。

後年、私は綱島の父の実家のすぐ近くで暮らしはじめ、現在に至っています。

祖父の死に激しい衝撃

私が生まれた東京都大田区は、1947（昭和49）年に大森区と蒲田区が合併してできた区で、両方の一字を取って命名されました。

物心ついた頃、大森、糀谷、羽田辺りではまだノリの養殖が行われ、てんびん棒を担いだ魚屋さんもやって来ました。七輪に炭をおこして魚を焼き、中に氷を入れる「冷蔵箱」が使われていました。

家族は日本鋼管（当時）のサラリーマンの父良吉、編み物教室を開いていた母文子、7歳上の姉、5歳上の兄と私の5人です。

母は大正末期の1925（大正14）年3月14日生まれで、蒲田尋常小学校では高峰秀子と同級生。既に天才子役として活躍していた彼女はほとんど学校に通えず、年下の学年に編入せざるを得なかったようです。

母は幼くして生母に死に別れたため、実父正義の兄に当たる西山祐造の養女となり、大切に育てられました。私にとって母方の祖父に当たる祐造は、城南地区の信用組合が合併してできた城南信用金庫の常務理事として多忙を極めながらも、姉のために桃の節句のひな壇を作ったり、同じ寅《とら》年生まれの兄に額を送ったり、母の編み物教室のために毛糸の「かせくり器」を作ったりと、まめで器用な一面を見せていました。56（昭和31）年には『経済白書』に記された「もはや戦後ではない」が流行語となり、私たち一家も平和で穏やかな日々を過ごしていました。59年の正月には前年12月に開業した東京タワーを家族そろって見物に出掛け、初詣に行った明治神宮でもらった破魔矢を祖父宅に届け、とても喜ばれました。

ところがそれから間もない1月27日の夜、わが家のはす向かいにあった祖父の家に強盗が押し入り、祖父母が刺される大事件が起きました。当時の新聞でも大きく報じられたそうです。

祖母は大けがを負ったものの、何とか一命を取り留めましたが、祐造は回復がかなわず2月3日、68年の生涯を閉じました。

筆者の祖父・西山祐造の「城南信用金庫葬」で、弔辞を読む小原鐵五郎・同金庫３代目理事長＝1959年2月

犯人は近所のすし屋の店員で、「正月に大人数のすしを出前した。信用金庫の役員だから、現金がたくさんあると思った」と動機を語ったといいます。

祖父が息を引き取ったのは、私が4歳の誕生日を迎える5日前。そんな小さな子どもでも、事件発生時に飛び交った怒号や喧噪《けんそう》、祖父の死を惜しむ人々が号泣している姿などが記憶の片隅に残っています。

59(昭和34)年2月28日、城南信用金庫にとって初めての「金庫葬」として祖父の葬儀がしめやかに営まれ、3代目理事長の小原鐵五郎《てつごろう》氏が弔辞を読んでくれました。城南信用金庫のこれまでの歴史の中で、金庫葬で送られたのは、祖父祐造と小原鐵五郎の二人だけです。

私は大好きだった祖父を失ったショックから自宅に引きこもり、家中の本を読みあさるようになりました。そして「人はお金のために人を殺すことがある」という受け入れがたい現実と向き合いながら、人生の意味や死について考えるようになったのです。

読書好きだった小学時代

祖父が強盗に遭って刺殺されるという体験に強いショックを受けた私は、4歳から2年間、近所の私立蒲田幼稚園に通いました。

そして1961（昭和36）年4月、大田区立大森第三小学校に入学しました。本来なら北蒲小学校（現在は蒲田小学校に統合）に通うはずでしたが、家に引きこもって本ばかり読んでいる私の環境を変えるため、両親が越境入学を選んだようです。

ところが授業中は窓の外ばかり見て空想にふけり、先生の話はそっちのけ。指名されると形式張った〝書き言葉〟で受け答えをし、教え方に注文をつけるような生意気な子どもで、担任から見れば素行不良の問題児。母は何度も呼び出され、謝っていました。

読書好きはさらに募り、小学校の図書室や蒲田図書館で、面白いと思った本を手当たり次第に読みました。といってもほとんどが童話の類いで、その中にひそむ古典的な教訓め

中学校の入学時に、母文子（左）と
記念写真に納まる筆者＝1967年4月

いた部分に何がしかの魅力を感じていたような気がします。

『週刊少年サンデー』に連載された「スポーツマン金太郎」などの漫画もよく読みました。おとぎ話の金太郎がプロ野球の巨人に、桃太郎が西鉄に入団し、長嶋、王、金田らの実在する名選手と対決する痛快なストーリーに、男の子はこぞって熱中したものです。

『少年』『少年画報』『画王』『冒険王』『漫画少年』などの少年雑誌が次々と刊行され、中でも手塚治虫の「鉄腕アトム」、横山光輝の「鉄人28号」、白土三平の「サスケ」などが連載されていた『少年』の大ファンでした。同じ話を飽きもしないで何度も読み返し、友だち同士で特定の場面のセリフを言って、どの場面かを当てる遊びがはやりました。

放課後は元気いっぱい、まだあちこちに残っていた焼け跡の空き地で三角ベースの野球をしたり、町工場で拾った金属片を手裏剣代わりにして忍者ごっこをしたり…。甲高い機械音とともにくるくる巻いて飛び散る金属片は、時に虹色に光り、思わず見とれるほどきれいでした。

そして小学校の隣が東邦大学大森キャンパス。その前身がＮＨＫの朝ドラ「梅ちゃん先生」の舞台とされる帝国女子医学薬学専門学校だったため、人体模型やホルマリン漬けの標本が置いてある医学部の教室に興味津々で入り込んだこともあります。東邦大学はグラウンドも広く、虫を捕るにも格好の場所でした。

このように遊び場と遊ぶ材料には事欠かず、毎日寄り道して叱られてばかりいましたが、母が編み物教室を開いていたため、蒲田駅近くの「ユザワヤ」に毛糸や手芸用品を買いに行くこともよくありました。

手芸用品やホビー用品の店舗を手広く展開しているユザワヤは、私が生まれた55（昭和30）年の創業で、当時はまだ小さなお店でした。母に言われた毛糸の型番を伝えて商品を受け取るだけの「お使い」でしたが、いつの間にか売り場の女性たちに顔を覚えられ、かわいがってもらいました。

小学校時代の私は多少のいたずらはするものの、クラスではけっこう人気があり、学級委員を任されていました。その相棒だった秀才で美人のお嬢さんが後に東京大学に進み、政治家と結婚したという噂を聞きました。彼女の家は薬局で、お兄さんは私が進学する麻布学園の先輩でもありました。

それがわかったのは、たまたま近所の友人と居酒屋で飲んでいたとき。公明党の新しい委員長が山口那津男さんに決まった日で、テレビを見ていたら、友人が「早苗ちゃんはあの人の奥さんだよ」と教えてくれたからです。

その場から2人で電話して、「おめでとう」「よかったね」とお祝いを述べたら「ありがとう！　吉原君久しぶりね！　でも今忙しいからまたね」とあっさり切られてしまいました。テレビでハンサムな山口委員長を拝見するたびに、美男美女のご夫婦でご活躍されていて良かったなと、何だか嬉しくなります。

麻布で自主独立の精神を学ぶ

蒲田駅の近くには映画館街や飲食店街があり、よく連れていってもらいました。「ゴジラ」やアニメ映画も楽しみでしたが、私は「若大将シリーズ」が大好きで、加山雄三さんにとても憧れていました。

夏休みなどには家族で横浜や鎌倉、三浦海岸、箱根の大涌谷

ボーイスカウトに加入し、ユニホームを身に着ける筆者（左）。友人と共に＝1960年代半ば、東京·蒲田の自宅前

や伊豆などへ出掛け、マリンタワーや氷川丸、大仏様や長谷観音、あじさい寺などに足を運びました。大磯ロングビーチではプールで泳ぎながら、目の前の海を複雑な気持ちで見ていた気がします。

兄が入っていたボーイスカウトにも加入し、アウトドア体験を積むごとに、「ロビンソン・クルーソー」のような大冒険への思いを募らせていきました。

この頃から「母から独立したい」という思いが強くなり、そのために見よう見まねで料理を覚えていきました。姉や兄と年が離れた末っ子のせいか、母の私に対する愛情は深く、それを何となく重荷に感じていたのかもしれません。

家事ができれば独立できると考え、私はご飯の炊き方はもちろん、かつお節を削る、煮干しの頭をとってだしを取る、大根のかつらむきや千六本切りなどを身に付けたのです。お茶を入れるのもうまくて、よく祖母に褒められました。

6年生になると、親の意向で進学塾に通い始めました。私が中学生になる1967（昭和42）年から都立高校で学校群制度（複数の学校間で合格者を成績順に割りふる）が始まり、希望校へ進学できない可能性が生じました。それで私立校が注目されるようになり、塾での成績から麻布中学校の受験を勧められ、無事に合格することができました。

学校法人麻布学園の創立者・江原素六先生は、貧しい幕臣の子で、苦学して講武所（武芸訓練所）の教官に抜てきされました。戊辰戦争で瀕死《ひんし》の重傷を負いましたが、徳川家の静岡移封に伴って沼津に移り、旧幕臣の子女の教育や茶の輸出に尽力した後、カナダのメソジスト教会が開校した東洋英和女学校内に１８９５（明治28）年、男子校の麻布中学校を創立しました。

35歳で洗礼を受けた江原先生は和漢洋の教養を備えた優れた教育者で、論語とキリスト教を建学の精神に据えました。そして愛と誠を旨として自主独立を重んじ、自由闊達《かったつ》な校風を醸成したため、麻布には校則というものがありません。

麻布学園がある港区元麻布かいわいは江戸時代には武家屋敷が立ち並んでいました。それが明治以後は皇族や華族、維新の有力者らの屋敷となり、諸外国の公館も多く置かれました。

私が麻布中に入学した当時も、周辺は都内屈指の高級住宅街として知られ、三段重ねの弁当を持参する「おぼっちゃま」や軽自動車を運転する高校生がいることに驚かされました。

下町育ちの私は、麻布の空気になかなかなじめませんでしたが、創立者の江原先生の生い立ちや豪放磊落《らいらく》で優しい人柄を知り、学校に親しみを覚えるようになりました。

麻布中学校に入学した頃の筆者（右）。母の実父・
西山正義と記念写真に納まる＝1967年ごろ

男子校ならではの遊びに工夫

生家がある蒲田から広尾の麻布中学校まで、初めは都電で通いました。品川から泉岳寺、伊皿子《いさらご》坂、魚籃坂を越え、古川橋から天現寺橋に向かうルートです。都電が廃止されてからは品川で山手線に乗り換え、恵比寿から地下鉄の日比谷線で1駅目の広尾駅を使うようになりました。

中高一貫校の麻布学園では教育単元を前倒しで進める一方、高度な専門性のある内容も教えたため、単なる受験知識ではなく、学問の神髄のようなものを学べたように思います。当時は教員に定年制がなく、高齢の名物先生が何人もいました。幾何学の先生が震える手で黒板に直線を引くのをはらはらしながら見守り、「直線じゃなくて波線だよな」とささやきながらも拍手喝采しました。

人生の大先輩を敬愛する一方、年代の近い若い先生には何かと反抗するような校風でした。

とはいえ、入学後の最初の試験で学力差を痛感しました。小学校ではトップクラスだったのに、麻布中では真面目に予習復習をしてもせいぜい平均点。それで生来の怠け癖が頭をもたげ、ボーイスカウトの延長のような気持ちでワンダーフォーゲル（ワンゲル）部に、そして3年生からはラグビー部に入りました。

ワンゲル部のランニングでは、六本木の東洋英和女学院の正門前を通るコースを走らされました。女子生徒の目があれば真面目に全力で走るだろうという男子校らしい考えです。

実際、男子校の生徒は幼児返りするのか、缶蹴りや石鬼などのたわいのない遊びに興じたり、授業中に地図帳で地名探しの速さを競ったりしていました。

プールに友人を投げ込んでから砂場に転がして「フライ」にしたり、自分がされたり、積雪があれば有栖川宮記念公園の斜面をプラスチック製の波板をそり代わりにして滑降、また忍者ごっこの「階段落とし」など、今では眉をひそめられそうな遊びも和気あいあいとやっていました。

机に線を引き、硬貨を並べたサッカーゲーム、ベニヤ板に描いたベースの位置に磁石を付けて、ボールに見立てた50円硬貨を鉛筆ではじく野球盤も工夫して作っていました。当時のニッケル製の50円硬貨は磁石に吸い寄せられるので、くっつくとキャッチアウトになるルールです。

紙飛行機に熱中した私は主翼と尾翼の比率を変えた設計図をいくつも書き、よく飛ぶと評判でしたが、周りのお屋敷に飛び込むのが難点。そこで2本の操縦ラインを使う「Uコン」と呼ばれる模型エンジン飛行機なら、飛行範囲が操縦者を中心とする半球面上に限られると知り、今度はこちらに夢中になりました。

食べ盛りの中高生時代は「早弁」や購買部でパンを買うのは当たり前。さらに学校近くのパン屋、焼きそば屋、そば屋、中華料理店などに飛び込みます。

わずかな小遣いが底をつくと、パン屋の「きく屋」へ。店のおばちゃんが有栖川宮記念公園で拾い集めた空き瓶を1本5円で引き取り、パンの耳にジャムを塗ってくれたからです。

異才が居並ぶ麻布OB

私が東京の麻布中学校に入学した翌1968（昭和43）年、麻布の卒業生である北杜夫さんの『どくとるマンボウ青春記』がベストセラーになり、私たち後輩も愛読しました。北さんは麻布在学中、博物班で昆虫採集に熱中していたそうです。

同じくOBのフランキー堺さんは、寒さしのぎに古い机を燃やした仲間が教師につかまったとき、遅れてその場に着いたのをいいことに、「煙が見えたので火を消そうと駆け付けました」と機転を利かせて言い逃れたと語り継がれています。

麻布学園の紛争で、ロックアウト解除直後に開かれた学生集会。山内校長代行（写真右）は生徒らに辞任を表明した＝1971年11月、東京都港区の同学園

麻布学園のOBには、福田康夫、橋本龍太郎両元首相をはじめ、政財界や官界、学界、芸能界など各界で活躍されている方が大勢いますが、多彩な分野で活躍する個性派、異才が多いような気がします。

同級生で異才といえば、鉄道研究会に所属していた古川享君（慶応義塾大大学院メディアデザイン研究科教授）です。秋葉原でゲームを作って売っていたとき、日本のベンチャー企業の元祖ともいわれる「アスキー」創業者の一人である西和彦さんと出会い、同社に入社します。古川君はマンションの一室で働き、人数が多すぎて机がなく、ベランダでは画板、浴室では浴槽のふたを卓に使って仕事をしたそうですが、その後、渡米してビル・ゲイツ氏と知り合って親友になり、後にマイクロソフト日本法人の社長・会長として活躍しました。

麻布時代から、遊ぶことと人と仲良くなることにかけては天才的で、マイクロソフト・ベーシックやリレーショナル・データベースの日本への導入・普及に際し、彼が果たした功績は大きいと思います。

同じく同級生の前川喜平元文部科学省事務次官とは、ラグビー部でもチームメートでした。サボることばかり考えていた私とは違い、前川君は黙々と練習に打ち込む真面目なタイプでした。

ほかにも1学年下に、元経済産業省の官僚で、内閣審議官などを務め原発に反対して経済産業省を辞めた古賀茂明君（「フォーラム4」代表）がいます。

麻布時代は三里塚闘争、東大紛争、70年安保、三島由紀夫自決事件などと重なる学園紛争の時代でもありました。その気配は私が中学生の頃からあり、ヘルメットにゲバ棒を持つ先輩が闊歩《かっぽ》し始め、校内に闘争統一実行委員会なるものができ、校長室を占拠する事件が起きました。

全校集会が開かれ、「教育と管理とは違う」「教育とはこうあるべきだ」などが議論され、学内合意がなされたのですが、一連の動きを懸念した同窓会が、藤瀬五郎校長の代わりに山内一郎校長代行を送り込んできました。

山内代行が合意をすべて破棄する強硬策で学生運動を抑え込んだため、反発を強めた生徒、教員、父母らが一丸となって対抗すると、代行は71（昭和46）年10月に機動隊を導入。中学校を含めたロックアウトに踏み切り、麻布は約1カ月の臨時休校を余儀なくされました。

ロックアウト解除後、生徒に囲まれた山内代行は辞任を表明しますが、後に業務上横領が発覚。逮捕・起訴される事態となります。

麻布高校で世界史を教えていた山領健二教諭。進路を考える際に影響を受けた＝1970年代初め

混乱の中　進路を探る

１９７０年代初め、麻布の学園紛争で山内一郎校長代行解任の陣頭指揮を執り、事態を収束させた上原徹君とは、よく一緒に渋谷の映画館に行きました。

当時はアメリカン・ニューシネマの時代。センチメンタルな「いちご白書」よりも、ポール・ニューマンとロバート・レッドフォードの「明日に向って撃て！」や、ピーター・フォンダとデニス・ホッパーの「イージー・ライダー」の方が好きでした。Ｂ・Ｊ・トーマスやステッペンウルフの劇中歌も耳に残っています。

高校2年生だった71（昭和46）年には米国の人気ロックバンド「シカゴ」が初来日し、武道館公演を行って大ブームになりました。

若大将ファンだった私は加山雄三さんや奥村チヨさん、グループサウンズなどを愛する歌謡曲派で、雑誌の『平凡』や『明星』を読み、土曜日にはＦＭ東京の「歌謡ベスト10」をエアチェック。続いて放送される「ポップスベスト10」で、サイモン＆ガーファンクルを知りました。

ラグビー部の練習では手を抜き、長野の菅平で行われた合宿では練習を抜け出すことばかり考えていましたが、そんなふがいない私を人間の器の大きさで引っ張ってくれたのが、同級生ながら頼りになる高松武信キャプテンでした。残念なことに高松君は若くして春山で遭難し、前述の上原君も数年前、病気で亡くなってしまいました。

麻布のラグビー部は連戦連敗の記憶しかありませんが、部員が少なく、入部したての私もよく試合に駆り出されました。そんな時に、試合中にタックルなどのぶつかり合いからヒートアップして、殴り合いの乱闘になったことがあります。私は驚いて両方に「やめろよ」と声をかけるばかりでしたが、高松君は殴り合いのまん中に割って入って、体を張ってとめました。私は、それをみて危険を冒して皆を救うために行動できなかった自分の勇気のなさに自己嫌悪に陥りました。そして、人が苦しんでいる時に見て見ぬふりをしてはいけない、逃げてはダメだということを高松君の姿から学んだのです。

最近見直されている吉野源三郎氏の著作『君たちはどう生きるか』のような実体験でした。その後の学園紛争の時に、機動隊が無実の友人たちを排除に来た時には、右左という主義主張の違いを超えて、友人や先輩後輩を守らねばという一念で、逃げることなく座り込み、放水や乱暴なごぼう抜きにあっても頑張りました。

学校が荒れてロックアウトされた間、私は東京大学駒場キャンパスで開かれた自主授業に出ていました。テレビが取材に来た時には、皆でいかにも悲しそうな顔をして〝ニュース画面の制作〟に協力しました。

こうしたいろいろな体験はできたのですが、勉強はついおろそかに。当然、試験の点数は悪かったのですが「分からないままでは将来困るのではないか」と考え、最低限の復習だけはしていました。そのおかげで数学や物理、化学などから漢文、古文、歴史に至るまで幅広い分野について苦手意識がなくなり、社会人になってから大変助かりました。

そんなつじつま合わせのような学生生活でしたが、受験シーズンは容赦なく迫り、両親には現役合格を厳命されました。大学紛争のために姉や兄が浪人や留年を余儀なくされ、家計の負担になっていたからです。

進路を考える際に影響を受けたのは、世界史の山領《やまりょう》健二先生。専門はフランス革命史で、革命の経緯はもちろん、池田理代子さんの漫画『ベルサイユのばら』にも登場するロベスピエールやサンジュストの思想など、受験のレベルを超えた高度な講義を興味深く聴きました。山領先生は教師になる前にテレビ番組「月光仮面」の制作に関わり、その裏話も忘れられません。制作費が足りないため、素顔を隠している月光仮面の出番の多くを制作スタッフが代役で演じ、主役の大瀬康一さんの出番はほんの少しだったそうです。

作詞家でもある原作者の川内康範さんの物語は、「月光仮面」も「レインボーマン」も勧善懲悪でありながら「悪を殺さず、憎まず、赦《ゆる》す」ストーリー。その背景には川内さんが寺に生まれた仏教徒であることが色濃く反映され、ヒーローの名前も月光菩薩《ぼさつ》に由来するそうです。

経済学を志向して慶応大へ

東京の麻布高校の3年生になった1972（昭和47）年。本格的な受験シーズンを迎えても、学内にはまだ学園紛争の余波が残り、落ち着かない感じでした。

受験向けに広く薄く教える先生がいる一方、個性的な先生も多く、後に駒沢大学で国際経済論などを教えた瀬戸岡紘先生（駒沢大名誉教授）は世界史で、歴史は生産力と生産関係の矛盾によって進化するという弁証法的唯物史観を分かりやすく教えてくれました。

私は日高晋先生、栗坪良樹先生（青山学院女子短大名誉教授）の現代国語が好きでしたが、大江健三郎や三島由紀夫、安部公房らの作品を、半ば強制的に読まされることには閉口しました。私は童話やユーモア小説ばかり読んでいたせいか、読んでもよく分からなかったからです。

しかし、ある作品や文章が、実はこういうことを意味しているのだと、まるで謎解きのように話されるとがぜん興味が湧きました。

ところが〝そこが麻布〟というべきか、クラスメートの中には先生と対等に、ときには先生を上回るような受け答えをする生徒がいるのです。その一人が神奈川出身のフランス文学者・中条省平君（学習院大文学部教授）で、映画評論家としても活躍しています。

学園紛争で卒業式が行われなかった麻布高校。同期生らと再会し、学校前で記念写真に納まる筆者（後列左から２人目）＝2000年1月

文学は「惚《ほ》れた腫れた」ばかりじゃない。文学を通じて思想や哲学を学ぶのは面白そうだ。ならば大学でも文学を学ぼうと思い始めたとき、早稲田大学文学部の推薦試験があり、私はこれ幸いと手を挙げましたが、見事に落ちました。才能がなかったのですね。

代々木ゼミナールの夏期講習も受けましたが、受験勉強にはあまり熱心ではなく、この頃の興味の対象はオートバイ。立ち読みしたバイク雑誌の影響ですが、欲しくても高くて手が出ません。仕方なく近所の酒屋さんから中古の「スーパーカブ」を４０００円で譲ってもらい、色を塗り直して通学に使ったり、後輩が親に買ってもらった高価な大型バイクの新車を強引に借りて予備校へ行ったりしていました。

そして迎えた受験本番、慶応大学の文学部を受験したかったのですが、兄に相談すると、「文学部では就職が難しい。文系はどれも似たようなものだから、経済学部か法学部に行った方がよい」とアドバイスされました。

改めて合格できそうな大学を探し、慶応大学の経済学部を目標にしました。国公立だと受験科目が増えてしまいますが、慶応大の経済学部の入試科目には、得意な数学が含まれていたからです。

麻布での授業から、経済学とは生産関係が進化し、みんなが幸せに暮らせる、貧困のない世の中をつくるための学問だと思えたことも、進路を変更する後押しになりました。

無事に合格を果たし、入学手続きを終えた私は自分へのご褒美としてラジオ付きカセットテープレコーダーを買いました。父が持っていたオープンリールのテープレコーダーでは、ＦＭの音楽番組をうまく録音できなかったからです。

名物教授たちとの出会い

1973（昭和48）年4月、私は慶応大学の経済学部に何とか滑り込みました。1、2年生は本来、日吉キャンパス（横浜市港北区）ですが、大学紛争の影響でいきなり三田（東京都港区）に通うことになりました。

慶応義塾の創設者である福沢諭吉は、著書『学問のすすめ』で「実学とはよりよい社会を創ること」と説いています。私は麻布で学園紛争を経験し、大学では「良い社会とは何か、人の幸せとは何か」について学ぼうと考えていました。

ところが近代経済学原論の講義は、需要供給曲線のグラフやら、微分・積分やら、高等数学の詰め込みから始まりました。資源の最適配分、所得配分の公平性など、耳当たりのよい言葉は出てくるものの、「人

慶応大の恩師・加藤寛先生（右）と歓談する筆者＝1976年

の幸福は科学では測れない」という。これは何か違うなと思い始めた私は、無味乾燥な経済学への興味を失い、他の分野へと関心を移していきました。

例えば、人文地理学、宗教学、倫理学、哲学、天文学などです。

人文地理学の西岡秀雄先生（慶応大名誉教授）は日本トイレ協会を設立した「トイレ博士」として有名で、後年は大田区立郷土博物館の館長などを歴任されました。『寒暖の歴史気候７００年周期説』という著書をテキストに、自分で集めた世界各国のトイレットペーパーを見せながら講義する名物教授でした。

西岡先生の研究によると、地球は温暖だった１４００年ごろから次第に寒くなり、18世紀前半の小氷河期には、日本では享保、天明、天保の大飢饉《ききん》が起きています。そして、１８００年以降は１００年に１度の割合で上昇してきました。つまり地球温暖化は、実際には二酸化炭素が急増しはじめる１９４５（昭和20）年の１００年以上前から始まっており、二酸化炭素以外の要因の方が実は大きいとも言われています。最近の研究では再び小氷河期が訪れるとみられ、その原因は太陽活動の低下にあるとされています。

天文学の講義は実質的には科学史で、人間は宇宙をどう見てきたのか、といった内容です。宇宙を見ることから数学が生まれ、コペルニクスによる地動説の提唱、ケプラーによる惑星の楕円《だえん》軌道の発見があり、ガリレオは望遠鏡で天体観測を行いました。それらを体系づけてニュートン力学が生まれ、アインシュタインの相対性理論が導かれたように、科学は天文学の理論と立証を通じて発達し、大きなパラダイムチェンジ（価値観の激変）を引き起こしました。かつて宇宙の中心と信じられていた地球は一つの丸い天体となり、宇宙は有限なものから無限なものへと変わりました。

だとしたら、理論と実証で構成される近代経済学にも、誤った思い込みがあるのではないか。理論の前提が少し違うだけで、全く違った結果になってしまうのではないか。そんなギャップに悩んでいた私が出会ったのが、「カトカン」あるいは「かとうかん」と呼ばれて親しまれた加藤寛先生の経済政策論でした。

駄じゃれとジョークの連発の名講義で、慶応大ＯＢの小泉純一郎元首相も、加藤先生の講義にだけは出席していたと話しています。

経済学で人を幸せに

慶応大学での加藤寛先生の講義は、聴講者を笑わせ、飽きさせない話術の達者さはもとより、人間的な温かさにあふれていました。それは先生が、いつも聴く人の身になって話されていたからだと思います。

加藤先生は世の中では何が大事か、人の幸せとは何かという経済学の根本に立ち返り、英国の経済学者アーサー・セシル・ピグーの「経済学で最も大切なのは、困っている人たちを何としても救いたいという情熱である」という言葉を引用されました。ピグーはケインズの兄弟子で、ケインズ経済学を批判する一方、「厚生経済学」を提唱した人です。「人を幸せにする」

慶応大でサイクリング部に所属していた筆者。富士スバルラインでのタイムトライアルで優勝した実績も＝1975年

これこそ私が求めていた経済学だ。理論経済学は材料にすぎない、いや、材料として使えるかどうかも分からない。そう思った私は今までにないほど勉強し、ゼミ試験を受けました。

そして他のゼミから「ワーカホリック」「体育会系」とからかわれる厳しいゼミで、多様なジャンルの本を読んで議論を重ね、とても充実した2年間を過ごすことができたのです。

部活はサイクリング部。自転車に鍋、釜、テントを積めば、お金をかけずに日本中どこへでも行けるからです。山を上ったり、駆け下りたり、砂利道を走ったり、北海道から九州まで足を運びました。

奈良県の十津川に行ったとき、後輩の自転車のペダルが壊れ、みんなで歩くことにしました。間の悪いことに大雨で道路が決壊したため、別の宿に泊まらざるを得ませんでした。翌日、悠々と本来の目的地に到着すると、私たちのための捜索隊が出発するところでした。大雨で遭難したと思われたのも当然で、「宿を変えるなら連絡ぐらいしろ」と大目玉を食らいました。

富士スピードウェイで開かれた団体ロードレース大会では、日本大学Aチームに置き去りにされました。後で計算してみたら、彼らは私たちの1・5倍のスピードで走っていたのです。

アルバイトで記憶に残るのは、塾の英語講師。入試では鉛筆を転がして解答したほど英語は苦手でしたが、高校時代に代々木ゼミナールの夏期講習でたまたまヒアリング・ディクテーション（英語の聴き書き）を受講し、生きた英会話は面白いと感じた経験がありました。前後して大宅壮一ノンフィクション賞を受賞した中津燎子さんの『なんで英語やるの？』を読み、言語の背後にある文化や歴史に関心を持つべきだとの指摘に共感しました。大事なのは早期教育ではなく、日本人としてのアイデンティティー（存在意義）を固めてからの学びです。

そして日本人でもできる英語の発音があると知り、日吉の慶応外語に通って英語を学び直しました。どうせなら中学生にしっかり教えたいと思ったからです。

こうして英語が苦手だった私は、塾の講師になりました。塾の授業ではソウルミュージックを歌ったり、コーヒーのラベルや料理のレシピを読んだり、ラブレターを書かせたり、英語は楽しいと思ってもらえるような教え方を心掛けました。

卒論Aでも就活は苦戦

慶応大学での恩師である加藤寛先生は、自分一人が豊かになるのではなく、「日本を豊かにしたい、良い社会をつくりたいという思いで経済学を志した」と常々語っていました。

その薫陶を受けた私は社会学的な手法を用いる経済社会学や宗教社会学への関心を深め、米国の理論社会学者タルコット・パーソンズの社会システム論に行き着きました。

慶応大学でゼミの仲間と記念撮影。前列左が筆者、
その右が加藤寛先生＝1976年10月

社会を維持していくためには、A（適応）、G（目標達成）、I（統合）、L（パターン維持）の四つの働きが必要で、要するに、経済、政治、社会、文化の四つの領域から、社会を統合的に考えようとするものです。

私は「これだ！」と飛びつきました。はまりました。時を置かず、当時、横浜国立大学の助教授だった西部邁《すすむ》さんの『ソシオ・エコノミックス』、その名もずばり『社会経済学』という名著が出版され、経済学に関わる者は皆、大きな衝撃を受けました。忘れもしない、1975（昭和50）年のことです。

ちょうど加藤先生がフランスのラン

ブイエで開かれた第1回先進国首脳会議（サミット）に出席していた頃でもあります。加藤先生は経済政策の第一人者としてさまざまな政策提言を続けていたため、この時も三木武夫総理（当時）に同行していました。

すっかり『ソシオ・エコノミックス』の考え方に魅了された私は、富永健一、吉田民人、作田啓一、小室直樹さんら、当時の著名な社会学者、社会経済学者の理論書を読みあさりました。

そして、経済学は経済領域だけの理論だが、世の中には経済以外にもさまざまな領域があり、それらを統合するのは人間の意識である、という視点から卒業論文を書き始めました。人間の意識は常に揺れ動き、見る人の意識によって見え方は変わるが、コミュニケーションや共同幻想によって正しい社会がつくられる。さらに生きがい、働きがいといった労働社会学、産業社会学などの分野の理論も持ち込みました。

すると加藤先生は、「疎外と参加の社会学」と題したこの卒論になんとA評価を下さったのです。

そのことは素直にうれしかったのですが、就職活動は散々でした。オイルショックの影響で採用人数が激減してどこもかしこも狭き門。ゼミの先輩の紹介で大手銀行も訪問しましたが、面接担当者が必ず渋い顔をするのです。

志望動機を問われるたびに、「社会の役に立つ公共的な仕事をしたい」と、的外れな答えを私が繰り返していたからです。先方はガッツのある営業マンが欲しいのに、これでは採用されるはずがありません。逆の立場になった今なら、それがよくわかります。

やっとこぎ着けた役員面接でも、どんな本を読むかと尋ねられ、太宰治の「人間失格」についてとうとうと熱弁を振るい、気付いたときは後の祭りでした。

見かねた叔父、西山宏の勧めもあり、亡き祖父の西山祐造が役員を務めていた城南信用金庫に頭を下げ、何とか入れてもらうことになりました。叔父は当時矢口支店長。後に専務理事を務めましたが「城南はこれからもどんどん良くなる。地元の方々の為に、その改革をするのが君の仕事だ。やりがいの大きな企業だぞ」と強く勧めてくれたのです。

こうして私の信用金庫人生が始まることになったのです。

信金の理念に学んだ未来へのメッセージ
～あとがきに代えて～

自主自立する良識を持とう

神奈川新聞の連載でありながら、神奈川に関することはほとんど書けませんでしたが、実は神奈川県民になったのは２０１４（平成26）年で、それまでは京急線の梅屋敷駅に近い２ＤＫのマンション暮らし。仕事を優先し、万一に備えて五反田にある城南信用金庫の本店近くに住むことにこだわったためです。

サラリーマン人生も一段落し、ようやく父方の実家がある綱島で家を探したところ、なんと売り主が城南信金の元職員で、しかも企画部の先輩であることがわかり、不思議な縁を感じました。

綱島は子どものころから何度も訪れた親しみのある土地で、地元の名士、飯田助知さんらの世話もあって快適に暮らしています。飯田家は代々綱島村や北綱島村の名主を務めた名家で、長屋門のある「飯田家住宅」は横浜市の指定有形文化財となっています。

61回の連載を通じて改めて感じたのは、経営とは社会貢献であり、企業として脱原発や福祉活動を行うのは当然だということ。企業とは利益追求のためではなく、社会貢献や理想実現のためにあるのです。

私は脱原発宣言以来、慶応大学、早稲田大学、横浜国立大学、神奈川大学、フェリス女学院大学をはじめとする多数の大学や学会などで講演する機会を頂きました。そして明治学院大学客員教授、千葉商科大学特命教授に任じられ、学生や社会人向けに経営と経済、高齢者福祉などについて話す機会が増えました。

明治学院大学では経済学部の森田正隆教授と協力して、城南信用金庫のお取引先企業の経営者の方々を講師に招いて、経営者と大学生が議論するという新しいタイプの授業を企画し、人気講座となりました。

その講義録は『現場発　ともに生きる社会の経営学』という3冊の書籍にまとめています。ほかにも立正大学評議員、千葉商科大学評議員、麻布学園理事長として未来を担う子どもたちの教育の力になりたいと考え、あれこれ模索しています。

昨今の教育改革は企業にとって都合のよいスキルを教えることが重視されていますが、私は今こそ自由闊達《かったつ》な環境の中で教養と人格を養い広い視野を持てる人間教育、多様な観点から物事を考え、良心に基づいて判断し行動できる教養教育が必要だと思っています。

拝金主義にとらわれた現代社会だからこそ、お金の弊害に負けず、さらにはそういう社会を変えていく人間が必要なのです。慶応大学の創始者である福沢諭吉先生は、「一身独立して一国独立す」という独立自尊の真髄を説き、国民一人一人が、自分たちがこの国を支えるという勇気と気概を持てと教えています。

脱原発活動も原発推進派と敵対するのではなく、誤った考え方を改めてもらおうというもの。これからもあらゆる問題を冷静に慎重に判断し、日本の伝統と文化や誇りを大切にしながら、世界の人々に尊敬されるような、美しい日本を守っていきたいと思います。

これまで支えてくれた家族や２０００人を超える職場の仲間、そしてお取引先の皆さまに心より深く感謝するとともに、皆さまには今後とも城南信用金庫に対し、これまで同様、ご支援、ご理解を賜りますよう、よろしくお願いいたします。

２０１８年４月吉日　　吉原　毅

著者略歴

吉原　毅（よしわら・つよし）

1955年、東京都出身。77年に慶応大を卒業し、城南信用金庫に入職。2010年の理事長就任を機に、信用金庫の原点回帰を掲げた経営改革を断行する。11年の東日本大震災後、原発に頼らない安心できる社会を目指し「脱原発」を宣言。15年に顧問就任。著書に『信用金庫の力』（岩波ブックレット）、『城南信用金庫の「脱原発」宣言』（クレヨンハウス）、『原発ゼロで日本経済は再生する』（角川oneテーマ21）など。講演・執筆活動も精力的に行う。横浜市在住。63歳。

幸せになる金融　信用金庫は社会貢献

2018年４月11日　初版発行

著　　者　　吉原　毅

発　　行　　神奈川新聞社
〒231-8445 横浜市中区太田町2-23
電話 045(227)0850（出版メディア部）

ISBN978-4-87645-579-9　C0095